法廷通訳ハンドブック実践編

【ウルドゥー語】
(改訂版)

最高裁判所事務総局

はじめに

法廷通訳については，通訳の対象が法廷という極めて特殊な状況での会話であるために，通訳一般で必要とされる十分な語学力に加えて，法廷通訳に求められる特別の心構えや刑事手続の基本的な知識を身につける必要があります。そして，経験を積む中で，刑事手続への理解を深め，事実に争いがある否認事件等の複雑な手続や，控訴審などの通常の第一審と異なる手続の通訳もこなせるようなレベルにまで，能力を向上させていくことが期待されます。このようなレベルに達するには，法廷での特殊な用語，法律的な知識など法廷通訳に特有の事項をよく理解することが必要となります。

本書は，そのための手助けになるように，平成元年度から順次刊行した法廷通訳ハンドブックの姉妹編として作成しました。

本書では，できるだけ実践的な内容とすることを心がけ，第１編では刑事手続の流れに沿って，通訳人からよく質問される事項をＱ＆Ａの形でまとめ，第２編では，控訴審の手続をできるだけ平易に説明するとともに，第３編及び第４編では，法廷で使用されることの多いやりとりの具体例や，法律用語などの通訳例をできる限り網羅的に掲載することを心がけました。

なお，本書の初版が刊行されてから相当期間が経過しており，その間，法改正や新法の制定が行われ，刑事裁判に関する様々な制度（公判前整理手続，即決裁判手続，裁判員の参加する刑事裁判手続，犯罪被害者等が刑事裁判に参加する制度等）が実施されています。

そこで，今回，これらの法改正等を踏まえて，初版の内容を見直し，所要の改訂を行いました。

本書が，初版と同様，広く刑事裁判の通訳に当たる方の一助となれば幸いです。

平成24年３月

最高裁判所事務総局刑事局

目　次

第１編　刑事裁判手続における通訳人の留意事項 ………… 1
第１章　一般的注意事項 ………… 1
第２章　勾留質問手続 ………… 3
第３章　起訴後第１回公判期日前まで ………… 4
第１節　起訴 ………… 4
第２節　起訴状概要の翻訳文の送付 ………… 4
1　趣旨 ………… 4
2　実施の方法 ………… 4
第３節　法廷通訳の依頼 ………… 5
第４節　公判前整理手続 ………… 7
第５節　第１回公判期日の指定 ………… 9
第６節　裁判所と通訳人との連絡及び通訳人の事前準備 ………… 10
第７節　弁護人の接見への同行 ………… 12
第４章　公判手続 ………… 16
第１節　法廷通訳一般 ………… 16
第２節　開廷前の準備 ………… 19
第３節　公判廷での手続 ………… 20
1　通訳人の宣誓等 ………… 20
2　被告人に対する宣誓手続等についての説明 ………… 20
3　被告人の人定質問 ………… 21
4　起訴状朗読 ………… 21
5　黙秘権の告知 ………… 22

6	事件に対する被告人の陳述 ………………………	22
7	弁護人の意見 ………………………………………	22
8	ワイヤレス通訳システムの利用 …………………	22
9	証拠調べ手続 ………………………………………	24

（1）冒頭陳述 ……………………………………… 24
（2）検察官からの証拠申請 ……………………… 25
（3）検察官の証拠申請に対する弁護人の意見 ……… 25
（4）裁判所の証拠採否（証拠を採用するか却下
　　するか）の決定 ……………………………… 25
（5）採用された証拠の取調べ …………………… 25
　　ア　証拠書類の内容の要旨の告知（又は朗読）…… 25
　　イ　証拠物の展示 …………………………… 26
（6）証人尋問 ……………………………………… 26
　　ア　証人の宣誓及び虚偽の証言に対する注意 …… 26
　　イ　通訳の方法 ……………………………… 26
　　　(ｱ)　外国語を使用する証人の場合 ………… 26
　　　(ｲ)　日本語を使用する証人の場合 ………… 27
　　ウ　証人の不安や緊張等を緩和するための措置 …… 27
　　　(ｱ)　付添い ………………………………… 27
　　　(ｲ)　遮へい ………………………………… 27
　　　(ｳ)　ビデオリンク ………………………… 28

10	被告人質問 …………………………………………	34
11	論告 …………………………………………………	34
12	弁護人による弁論 …………………………………	35

13　被告人の最終陳述 ……………………………………… 36
　　　14　次回期日の指定 ………………………………………… 36
　　　15　判決宣告の手続 ………………………………………… 37
　　　16　上訴期間等の告知 ……………………………………… 38
　　　17　即決裁判手続 …………………………………………… 38
　　第4節　裁判員裁判 ……………………………………………… 39
　　第5節　被害者参加 ……………………………………………… 41
　第5章　その他の留意事項 ………………………………………… 43
第2編　控訴審における刑事手続の概要 …………………………… **45**
　第1章　控訴審とは ………………………………………………… 45
　　1　上訴制度 …………………………………………………… 45
　　2　控訴審の役割 ……………………………………………… 45
　第2章　控訴の申立て等 …………………………………………… 45
　　1　控訴の提起期間 …………………………………………… 46
　　2　申立ての方式 ……………………………………………… 46
　　3　上訴の放棄 ………………………………………………… 46
　　4　上訴の取下げ ……………………………………………… 46
　第3章　控訴審の手続 ……………………………………………… 46
　　第1節　控訴審の第1回公判期日までの手続 ……………… 46
　　　1　弁護人選任に関する手続 ……………………………… 47
　　　2　通訳人の選任に関する手続 …………………………… 47
　　　3　被告人の移送 …………………………………………… 47
　　　4　控訴趣意書の提出 ……………………………………… 47
　　　5　答弁書の提出 …………………………………………… 48

6　第1回公判期日の指定と被告人の召喚 ………… 48
　第2節　控訴審における公判審理 ………………… 49
　　1　概要 ………………………………………… 49
　　2　公判期日の手続の流れ ……………………… 49
　　（1）通訳人の人定尋問と宣誓 ………………… 49
　　（2）被告人の人定質問 ………………………… 49
　　（3）控訴趣意書に基づく弁論 ………………… 50
　　（4）控訴趣意書に対する相手方の意見（答弁） ……… 51
　　（5）事実の取調べ ……………………………… 51
　　（6）事実の取調べの結果に基づく弁論 ………… 52
　　（7）次回公判期日の指定・告知 ……………… 52
　　3　判決宣告期日 ……………………………… 52

第3編　法廷通訳参考例 ……………………… **55**

第1章　勾留質問手続 ……………………………… 56
　1　前置き ……………………………………… 56
　2　黙秘権の告知 ……………………………… 56
　3　弁護人選任権の告知 ……………………… 56
　4　勾留の要件の説明 ………………………… 58
　5　勾留の期間の説明 ………………………… 58
　6　被疑事実の告知 …………………………… 58
　7　被疑事実に対する陳述 …………………… 60
　8　勾留通知先 ………………………………… 60
　9　領事機関への通報 ………………………… 60
　10　読み聞け …………………………………… 60

第2章　公判手続 …………………………………… 62
　1　開廷宣言 ……………………………………… 62
　2　通訳人の宣誓 ………………………………… 62
　3　人定質問 ……………………………………… 62
　4　起訴状朗読 …………………………………… 62
　5　黙秘権の告知 ………………………………… 62
　6　被告事件に対する陳述 ……………………… 64
　7　弁護人の意見 ………………………………… 64
　8　検察官の冒頭陳述 …………………………… 66
　9　弁護人の冒頭陳述 …………………………… 66
　10　公判前整理手続の結果顕出 ………………… 66
　11　証拠調べ請求 ………………………………… 66
　12　証拠（書証・証拠物）請求に対する意見 … 66
　13　書証の要旨の告知・証拠物の展示 ………… 68
　14　証人申請 ……………………………………… 70
　15　証人申請に対する意見及び証人の採用 …… 72
　16　証人の尋問手続 ……………………………… 72
　（1）証人の宣誓 …………………………………… 72
　（2）異議申立て及びその裁定 …………………… 72
　（3）証人尋問の終了 ……………………………… 74
　17　その他の手続 ………………………………… 74
　（1）弁論の併合決定 ……………………………… 74
　（2）訴因及び罰条等の変更 ……………………… 74

（3）被害者特定事項の秘匿決定後，被害者の呼
　　　称の定めがされた場合 ……………………… 74
（4）被害者参加許可決定 ……………………… 74
（5）被害者等の被害に関する心情その他の被告
　　　事件に関する意見陳述 …………………… 76
（6）即決裁判手続 ……………………………… 76
　　ア　被告事件に対する有罪の陳述 ………… 76
　　イ　弁護人の意見 …………………………… 76
　　ウ　即決裁判手続によって審判する旨の決定 …… 78
　　エ　証拠調べ請求等 ………………………… 78
18　論告 ………………………………………… 78
19　被害者参加人の弁論としての意見陳述 …………… 80
20　弁護人の弁論 ……………………………… 80
（1）出入国管理及び難民認定法違反（自白事件）
　　　の例 ………………………………………… 82
（2）窃盗（否認事件）の例 ……………………… 82
21　被告人の最終陳述 ………………………… 84
22　公判期日の告知 …………………………… 84
（1）次回公判期日の告知 ……………………… 84
（2）判決言渡期日の告知 ……………………… 84
23　判決宣告 …………………………………… 84
24　執行猶予の説明 …………………………… 86
（1）身柄拘束中の被告人の執行猶予 ………… 86
（2）既に不法残留になっている被告人の執行猶予 …… 86

25	未決勾留日数の説明	86
26	保護観察の説明	88
27	上訴権の告知	88

第3章　第一審における判決主文の例 …… 88
　1　有罪の場合 ……………………………… 88
　（1）主刑 …………………………………… 90
　　ア　基本型 ……………………………… 90
　　イ　少年に不定期刑を言い渡す場合 …… 90
　　ウ　併科の場合 ………………………… 90
　　エ　主文が2つになる場合 …………… 90
　（2）未決勾留日数の算入 ………………… 90
　　ア　基本型 ……………………………… 90
　　イ　本刑が数個ある場合 ……………… 90
　　ウ　本刑が罰金・科料の場合 ………… 90
　　エ　刑期・金額の全部に算入する場合 … 90
　（3）労役場留置 …………………………… 92
　　ア　基本型 ……………………………… 92
　　イ　端数の出る場合 …………………… 92
　（4）刑の執行猶予 ………………………… 92
　（5）保護観察 ……………………………… 92
　（6）補導処分 ……………………………… 92
　（7）没収 …………………………………… 92
　　ア　基本型 ……………………………… 92
　　イ　偽造・変造部分の没収 …………… 92

	ウ	裁判所が押収していない物の没収	92
	エ	犯罪被害財産の没収	94
(8)	追徴		94
	ア	基本型	94
	イ	犯罪被害財産の価額の追徴	94
(9)	被害者還付		94
	ア	基本型	94
	イ	被害者不明の場合	94
	ウ	被害者が死亡した場合	94
(10)	仮納付		94
(11)	訴訟費用の負担		94
(12)	刑の執行の減軽又は免除		96
(13)	刑の免除		96

2　無罪・一部無罪の場合 …………………………… 96
　(1)　無罪 …………………………………………… 96
　(2)　一部無罪 ……………………………………… 96
3　その他の場合 ……………………………………… 96
　(1)　免訴 …………………………………………… 96
　(2)　公訴棄却 ……………………………………… 96
　(3)　管轄違い ……………………………………… 96
第4章　控訴審における判決主文の例 ……………… 98
1　控訴棄却・破棄 …………………………………… 98
　(1)　控訴棄却 ……………………………………… 98
　(2)　破棄自判 ……………………………………… 98

（3）破棄差戻し ……………………………………… 98
　（4）破棄移送 ………………………………………… 98
　2　未決勾留日数の算入 ……………………………… 98
　3　訴訟費用の負担 …………………………………… 98
第5章　第一審における判決理由 ……………………………100
　1　罪となるべき事実 …………………………………100
　（1）不正作出支払用カード電磁的記録供用罪及び
　　　窃盗罪の例 …………………………………………100
　（2）覚せい剤取締法違反罪の例 ……………………100
　（3）大麻取締法違反罪の例 …………………………100
　（4）麻薬及び向精神薬取締法違反罪の例 …………102
　（5）売春防止法違反罪の例 …………………………102
　（6）強盗致死罪の例 …………………………………102
　（7）自動車運転過失傷害罪の例 ……………………104
　（8）傷害罪の例 ………………………………………106
　（9）詐欺罪の例 ………………………………………106
　（10）殺人罪の例（確定的故意の場合）……………108
　（11）殺人罪の例（未必的故意の場合）……………108
　（12）銃砲刀剣類所持等取締法違反罪の例 …………110
　（13）出入国管理及び難民認定法違反罪の例 ………110
　（14）窃盗罪（万引）の例 ……………………………110
　（15）窃盗罪（すり）の例 ……………………………112
　（16）教唆の例（窃盗）………………………………112
　（17）幇助の例（窃盗）………………………………112

2　証拠の標目 ………………………………………112
　　　3　累犯前科 …………………………………………114
　　　4　確定判決 …………………………………………116
　　　5　法令の適用 ………………………………………116
　　　6　量刑の理由 ………………………………………116
　　　　　出入国管理及び難民認定法違反の例 ……………116
　第6章　控訴審における判決理由 ………………………118
　　　1　理由の冒頭部分 …………………………………118
　　　2　理由の本論部分 …………………………………118
　　　（1）控訴棄却 …………………………………………118
　　　（2）破棄自判 …………………………………………120
　　　3　法令の適用部分 …………………………………122
　　　（1）控訴棄却 …………………………………………122
　　　（2）破棄自判 …………………………………………122
　　　（3）破棄差戻し ………………………………………124
第4編　法律用語等の対訳 ………………………………**127**
　第1章　法律用語の対訳 …………………………………127
　第2章　法令名 ……………………………………………166
　第3章　罪名 ………………………………………………174

資料 ……………………………………………………………185
証拠等関係カードの略語表 …………………………………185
第一審手続概要 ………………………………………………187
控訴審手続概要 ………………………………………………189

第１編

刑事裁判手続における通訳人の留意事項

第１編　刑事裁判手続における通訳人の留意事項

ここでは，通訳を必要とする刑事裁判での手続に即して，しばしば問題となる事項又は通訳人が留意すべき事項について説明します。法廷等で使用される用語の訳語については，５５ページの「法廷通訳参考例」又は１２７ページの「法律用語等の対訳」を参照してください。

第１章　一般的注意事項

①Q　法廷通訳は，一般の通訳と比べてどのような特徴がありますか。

A　法廷でのやりとりのうち，証人尋問や被告人質問は，その結果得られた証言や供述が，裁判の証拠として，犯罪事実の認定や刑の量定の基礎になる特に重要なものですから，すべての発言を逐語訳で行う必要があるという特徴があります。例えば，証人が証言内容を発言直後に訂正した場合には，訂正後の内容だけでなく訂正前の内容についてもそのまま通訳してください。

法廷での裁判官と検察官，弁護人とのやりとりについては，裁判長が必要な事項を要約することが多いと思われます。通訳すべき範囲を自分で判断するのではなく，裁判長の指示に従って通訳を行ってください。

②Q　通訳人として守らなければならないことは何ですか。

A　良心に従って誠実に通訳をしてください。通訳をするに当たって，そのことを宣誓していただくことになります。また，裁判は，偏りのない公正な手続で行う必要がありますから，通訳人も，通訳するに当たっては，立場上中立公正さを疑われるような行動をとってはいけません。もしも，被告人や証人と知り合いであるなどの事情がある場合には，直ちに裁判所に申し出てください。

　また，被告人又はその関係者に対しては，自分の氏名，住所，電話番号を教えないようにし，個人的に接触する機会を与えないでください。一緒に飲食をしたり，贈物を受け取るなどの行為は絶対にしないでください。

　さらに，裁判の過程で知った事件に関する事項については，絶対に他に漏らさないでください。裁判所や検察官，弁護人から事前に送付を受けた書面については，その保管に注意するとともに，他人の目に触れることのないよう注意してください。

③Q　証人や被告人の発言を逐語訳したり，法廷でのやりとりを記憶しておくのは，大変なことだと思いますが，法廷に立ち会う際，どのような準備，工夫をすればよいですか。

　A　法廷に立ち会う際には，自分の記憶だけに頼るのではなく，メモを取っておくことが不可欠です。メモを

取る際には，自分の理解しやすい記号や略語を用いたり，訴訟関係人の発言の順序などについて図式化して記録するなど，適宜工夫をするとよいでしょう。

また，日ごろから，メモ取りをはじめとする様々なトレーニングを行い，通訳スキルの更なる向上を心がけておくことも重要です。

第2章　勾留質問手続

逮捕された被疑者を引き続き留置しようとする場合，検察官は裁判官に対して勾留請求を行います。裁判官は資料を検討し，被疑事実に関する被疑者の言い分を聞いた上で，勾留するかどうか決めることになります。この言い分を聞く手続が勾留質問です。勾留質問は，裁判所の勾留質問室で行われます。被疑者が日本語を理解できない場合には，通訳人を介してこの手続を行うことになります。

Q　通訳人の人定尋問の際，被疑者に通訳人の氏名や住所を知られることはありませんか。被疑者に氏名住所等を知られたくない場合には，どうしたらよいですか。
A　裁判所では，通訳人の氏名，住所などの個人情報について，慎重に取り扱うよう配慮しています。

勾留質問手続においては，裁判官は，通訳人の人定尋問の際，あらかじめ人定事項を記載した書面をもとに「このとおりですね。」などと確認する形で人定尋問を行うのが一般的です。

念のため事前に裁判所書記官（以下「書記官」といいます。）に対してそのような希望を申し出てください。

第３章　起訴後第１回公判期日前まで
第１節　起訴

　　　　刑事裁判は，検察官が裁判所に対して裁判を求めることによって開始されます。これを起訴又は公訴の提起といい，具体的には，検察官が，起訴状を裁判所に提出して行います。起訴状には，被告人の氏名，生年月日，住居など被告人を特定する事項，公訴事実，罪名及び罰条が記載されています。

　　　　起訴があると，それまで被疑者に対する被疑事件であったものが被告人に対する被告事件となって，裁判所で審理される状態になります。

第２節　起訴状概要の翻訳文の送付
１　趣旨

　　　　裁判所では，起訴があった場合，起訴状の概要を被告人の理解できる言語に翻訳した上，第１回公判期日前のできるだけ早い時期にその翻訳文を被告人に送付するという取扱いを行っています。これは，日本語を理解しない被告人に早期に起訴状の内容を理解させて，被告人の防御権を実質的に保障するとともに，公判審理の充実を図ろうとするものです。

２　実施の方法

　　　　起訴状概要の翻訳文を送付する運用を円滑に実施するため，典型的な公訴事実の要旨を翻訳した文例集が作成され，それ

ぞれの地方裁判所に用意されています。

　裁判所は，翻訳文を送付する際には，通訳人予定者等に，日本語で作成した起訴状記載の公訴事実の要旨，罪名及び罰条について翻訳を依頼し，翻訳文を作成してもらうこともあります。その際，先に述べた翻訳文例の翻訳例を参考にしていただくとよいと思います。出来上がった翻訳文は，裁判所から被告人に送付しています。

　1に記載した趣旨から，翻訳文の作成を依頼された場合には，速やかに翻訳文を作成して提出してください。

　なお，この翻訳料は，通訳人に対する通訳料とは別に，翻訳内容に応じて支給されます。

Q　裁判所から翻訳の依頼があった場合に留意する事項は何ですか。

A　書記官から，翻訳言語，提出期限などを示してお願いしますので，特に提出期限に留意してください。また，担当の書記官の氏名を聞いておくと，疑問点が生じた場合に照会するのに便利です。

第3節　法廷通訳の依頼

　要通訳事件では，適格な通訳人を選任することが極めて重要ですが，適格な通訳人であるためには，十分な語学力を有するとともに，中立公正であることが必要です。

　この点，捜査段階で付された通訳人を法廷における通訳人として選任することについては，裁判の公正に対する無

用の疑念を生じさせたり，捜査段階の通訳人の面前では，取調べ時に供述したことに心理的に影響されて，被告人が公判廷で自由に言い分を言えないおそれも考えられることから，法廷通訳には，できる限り捜査段階の通訳人と別の通訳人を選任することが望ましいと考えています。実際にも特段の事情のある場合を除き，別の通訳人を選任する運用がされています。

> ①Q　裁判所から通訳の依頼があった場合に確認しておく事項は何ですか。
> 　A　①裁判所名，②担当裁判部と書記官の氏名，③内線番号，④通訳言語，⑤事件名，⑥被告人の氏名，⑦公判期日，⑧公判の予定所要時間，⑨弁護人が決まっていればその氏名と連絡先，⑩弁護人の国選，私選の別，⑪公判前整理手続や，即決裁判手続による審理が予定されているか，⑫裁判員の参加する裁判（以下「裁判員裁判」といいます。）であるかどうかなどを確認しておくとよいと思います。また，被告人が複数になると公判時間が長くなるとともに別々の日時に接見に同行することになるため，時間を要することに留意してください。

> ②Q　捜査段階で通訳した事件について法廷通訳を依頼された場合にはどうしたらよいですか。また，捜査段階で共犯者の通訳を行っている場合はどうですか。

> A　裁判所は，捜査段階でどのような通訳人が付いたのかを知らないのが通常です。したがって，まずその旨を書記官に伝えてください。そのような場合には基本的には他の通訳人に依頼することになりますが，他に適格な通訳人の確保が困難な場合には通訳を再度依頼することもあります。その場合には御協力をお願いします。なお，共犯者の通訳の場合も基本的には同様です。

第4節　公判前整理手続

　公判前整理手続とは，充実した公判審理を集中的・連日的に行うことを目的として，裁判所が，検察官及び弁護人の出席のもとで行う非公開の手続をいいます（事案によっては，検察官及び弁護人が出席せず，書面のやりとりによって行うこともあります。）。

　公判前整理手続は，裁判員対象事件では必ず実施されますし，それ以外の事件では，裁判所が，充実した審理を集中的・連日的に行うために必要であると認めた場合に実施されます。そこでは，①事件の争点は何なのか，②公判において，どの証拠を，どういった順序で取り調べるのか，③公判期日をいつ行い，その期日での具体的な進行はどうするのかなどといったことが決められます。

　公判前整理手続においては，被告人は，裁判所が特に出頭を求めない限り，その期日に出頭する義務はありません。したがって，被告人が期日への出頭を希望せず，裁判所で

も特に出頭を求めない場合には，被告人不出頭のままで行われます。

①Q　公判前整理手続で通訳を行うことはありますか。
　A　公判前整理手続期日に日本語を理解しない被告人が出頭する場合には，そこで行われた手続について通訳を行うことになります。なお，被告人が出頭しない公判前整理手続期日について通訳を依頼することはありませんが，期日直前になって被告人が出頭することになった場合には，急に通訳を依頼することもありますので，その場合には御協力をお願いします。

②Q　公判前整理手続では，公判審理に比べて，通訳はかなり困難なものになるのではないですか。
　A　従前の公判審理に比べて，難しい手続が行われるわけではありませんが，事案によっては，裁判所と当事者との間で，専門的な法律用語を用いた細かいやりとりがされることもあります。そのような場合，通訳のやり方について，あらかじめ裁判所と相談しておくとよいでしょう。

③Q　公判前整理手続が実施された事件の審理について，通常の事件と異なる点はありますか。
　A　公判前整理手続が実施された事件では，その後の公判期日において，検察官の冒頭陳述の終了後，弁護人

の冒頭陳述（弁護側の主張があるとき）及び公判前整理手続の結果を明らかにする手続（66ページの参考例参照）が行われます。

また，証拠申請やこれに対する意見の聴取，証拠を取り調べるかどうかなどに関する裁判所の決定は，通常，公判前整理手続で既に行われているため，冒頭陳述や結果顕出の手続が終了した後は，引き続き証拠の取調べが行われます。

第５節　第１回公判期日の指定

裁判所が公判の期日を指定する際には，あらかじめ通訳人との間で日程の調整を行った上で期日の指定を行っています。

また，弁護人は，第１回公判期日前（公判前整理手続期日が開かれる場合には，その第１回期日前）に被告人と接見し，日本の刑事裁判手続や起訴状の内容等を説明するとともに，事件について打合せをする必要がありますので，裁判所は，それらに要する日数にも配慮して期日を指定しています。

Q　期日の打合せをする上で留意すべき事項は何ですか。

A　公判後に予定を入れている場合等で時間に制約があるときには，「何時から次の予定が入っていますから，何時までしかできません。」というふうに，具体的に書記官に伝えてください。また，その期日については通訳を

するこ とが可能な場合でも，その期日の直後から旅行に出かけるとか，他の仕事の関係などでしばらく法廷通訳を引き受けられない場合には，「いつからいつまでは引き受けられません。」ということを，事件の依頼があった際にはっきり伝えてください。

第6節 裁判所と通訳人との連絡及び通訳人の事前準備

　通訳人として選任されることが決まった場合には，書記官から，第1回公判期日の通知（公判前整理手続期日に被告人が出頭する場合には，その期日の通知）がされるとともに，当該期日に在廷してほしいという依頼があります。また，法廷通訳の準備のために，起訴状写しを郵便等で送付します（公判前整理手続の場合には，当事者から提出された書面が送付される場合もあります。）。裁判所によっては，起訴状写しなどとともに，裁判部（裁判官名），書記官名，裁判部の電話番号，被告人の勾留場所，裁判所の近辺の地図等の必要事項を記載した事務連絡文書を送付することもあります。

　なお，第1回公判期日前には，通訳人の準備のために検察官が作成した冒頭陳述書又は冒頭陳述メモ，書証の朗読（要旨の告知）のためのメモ（結審予定の場合には，さらに検察官作成の論告要旨，弁護人作成の弁論要旨）が交付されるのが一般的です。

①Q　法廷通訳の経験のない通訳人の場合，事前の準備と

してどのようなことが考えられますか。

A　事前に他の事件の法廷傍聴をしておくこと，法廷通訳ハンドブックを読むなどして勉強しておくこと，刑事裁判手続を分かりやすく説明した外国人事件用ビデオを裁判所で見せてもらうこと，裁判官又は書記官から手続の説明を受ける機会があればそれも活用することなどにより，刑事裁判手続の流れや法律用語などについて勉強しておくのがよいでしょう。また，冒頭陳述書等をできるだけ早く入手できるように，書記官から検察官や弁護人に伝えてもらうとよいでしょう。さらに，法廷に立ち会う際には，メモ取りの準備をしておくことが不可欠ですし，日ごろから通訳スキルを磨くための様々なトレーニングをしておくことも重要です（第１編第１章③Ｑ＆Ａ（２ページ）参照）。

②Ｑ　通訳の準備のために，検察庁に事件の記録を見に行くことはできますか。

A　公判前の段階では，事件に関する書類は非公開とされていますから，一般的には見ることはできません。

③Ｑ　どのような書面が事前に通訳人に交付されていますか。

A　事件によって異なりますが，一般的には，冒頭陳述書又は冒頭陳述メモ，書証の朗読（要旨の告知）のためのメモ，論告要旨，弁論要旨が交付されています。

なお，このように通訳人には準備のため訴訟に関する書面が交付されますが，これらの書面は一切他に見せてはいけません。

④Q　事前に交付された書面によく分からない点がある場合にはどうしたらよいですか。

A　書面を作成した検察官，弁護人に確認することが望ましいと思われます。一般的な法律用語の意味の確認程度であれば，とりあえず書記官に確認するということでもよいでしょう。

なお，法廷で提出される前の段階では，このような書面は，裁判所の手元にはないことを承知しておいてください。

第７節　弁護人の接見への同行

外国人被告人の場合，日本の裁判制度に対する知識がほとんどないことが原因で不安に陥ることが少なくありません。弁護人はその職務として，起訴後できるだけ早い時期に被告人と接見し，起訴状の内容を説明して言い分を聴くとともに，日本の裁判制度等についても十分に説明することが求められています。

そこで，国選弁護事件においては，裁判所では弁護人に対して，あらかじめ通訳人予定者の氏名，電話番号等を通知し，弁護人が希望すれば通訳人予定者を接見に同行できるように配慮することにしています。

また,一定の事件については,起訴される前の段階で,被疑者の請求により国選弁護人が選任されることがあります。この場合には,国選弁護人や国選弁護人の候補者の指名等に関する業務を行う日本司法支援センター(法テラス)から,接見への同行を依頼されることがあります。

したがって,裁判所や国選弁護人等からそのような依頼があれば,御協力をお願いします。

なお,国選弁護事件において,弁護人の接見に通訳人が同行した場合には,弁護人から報酬や費用の支払を受けることができます。

---

①Q 弁護人の接見に同席した場合に留意すべき事項は何ですか。

A 被告人から尋ねられても,絶対に自己の氏名や連絡先を教えてはいけません。被告人から理由を尋ねられた場合には,「教えてはいけないことになっています。」と答えてください。

また,弁護人にも通訳人の氏名等を被告人に対して紹介することのないよう話をしておくとよいでしょう。

さらに,接見の際に,被告人の話し方の癖等を把握しておくと,法廷通訳をする際に役立ちます。

---

②Q 接見の通訳をした際に,アクセントが強かったり,方言が交じっていたりして被告人の話す言葉が分かりづらかったり,逆に被告人が通訳人の通訳内容を理解

していないと思われた場合には，どうしたらよいですか。

A　弁護人にその旨を告げるとともに，書記官にもそのことを伝えてください。コミュニケーションがどの程度取れているのか，取りにくい原因は何かなどを考慮して，裁判官が，被告人にゆっくりあるいは繰り返し話すように促すことでまかなえるかどうか，又は通訳人の交替をしてもらうかなどの措置を検討することになります。

③Q　被告人が他の言語の通訳を希望している場合にはどうしたらよいですか。

A　被告人の希望を書記官に伝えてください。同時に，そのままの言語でも意思疎通が可能である場合にはそのことを伝えるとともに，その程度などについても伝えてください。

④Q　被告人から，裁判の見通しについて尋ねられた場合にはどうすればよいですか。

A　「通訳人はそのような質問に答えてはいけないことになっています。弁護人に相談してください。」と答えるべきです。勝手に見通しを告げることはしないでください。

⑤Q　被告人から，家族に手紙を渡してほしいとか，差し

入れをするように家族に頼んでほしいというようなことを頼まれた場合にはどうしたらよいですか。
A　「通訳人はそのようなことをしてはいけないことになっています。弁護人に相談してください。」と答えるべきです。

⑥Q　弁護人から，被告人に差し入れをするよう被告人の家族に頼んでほしいと依頼された場合にはどうしたらよいでしょうか。
A　自分で依頼の適否について判断するのではなく，「裁判所に確認を取ってからでないとできませんので，裁判所に依頼の趣旨を伝え，確認を取ってください。」と言ってください。

⑦Q　被疑者段階での接見に同行した場合と，起訴後の接見に同行した場合とで，留意すべき点に違いはありますか。
A　基本的には，どちらの接見においても留意点に違いはありません。
　　ただし，被疑者段階では，事件はまだ裁判所において審理すべき状態にあるわけではないので，裁判官や書記官から具体的な指示を受けることはできません。
　　疑問点が生じた場合には，適宜弁護人に相談して，その指示を受けてください。

⑧Q　接見に同行した後に留意すべき事項がありますか。

> A 被疑者や被告人には，接見交通権といって，立会人なくして弁護人と接見する権利が認められています。
> そして，通訳人は特別に接見に同行することを許されているのですから，接見の際に交わされた被疑者又は被告人と弁護人とのやりとりを外部に漏らすようなことは，絶対に慎んでください。
> このことは，裁判官や書記官に対してであっても同じです。

第4章　公判手続
第1節　法廷通訳一般

> ①Q　通訳をする際には，直接話法（・・・です。）の形で通訳をすべきでしょうか，間接話法（・・・だそうです。）の形で通訳をすべきでしょうか。
> A　話者が話した内容で通訳すべきですから，直接話法の形で通訳してください。

> ②Q　被告人等が発言しない場合には，通訳人から発言するように促すべきでしょうか。
> A　通訳人は法廷で自ら発言することは原則的にないと心得ておいてください。特に被告人には，黙秘権がありますから，勝手に発言を促すようなことをしてはいけません。

③Q　連続して行う通訳時間について希望がある場合にはどうしたらよいですか。また，通訳中に休憩を取りたい場合にはどうしたらよいですか。

A　通訳人の方からは，１時間半から２時間くらいで休憩を入れてほしいという意見が多いようです。経験が少ない通訳人の場合には，もっと短い時間で休憩が必要になることも考えられます。要望があれば，事前に書記官に伝えておいてください。また，疲労が激しい場合などには，開廷中であっても書記官にそのことを告げて裁判官に伝えてもらうとよいでしょう。

④Q　被告人から不信感を持たれているなどの問題があると感じた場合には，どうしたらよいですか。

A　信頼関係に問題があると感じる場合には，書記官にそのことを伝えてください。不信感の背景には，例えば被告人が日本の裁判制度を誤解していることが原因になっていることもあります。その場合には，裁判官や弁護人から被告人に対し，日本の裁判制度について説明することになります。

⑤Q　法制度，習慣，文化の異なる被告人の通訳を行うに当たって，配慮すべき事項がありますか。

A　法制度や歴史的背景の違い等から，被告人が通訳人に対し敵対心を持つことや，逆に被告人の言おう

とする本当の意味が分からないことがあると思われます。したがって，法廷通訳を行うに当たっては，語学的な面だけでなく，その国の文化や法制度等を理解するよう日ごろから努めてください。

⑥Q　被告人の陳述について，配慮すべきことがありますか。特に罪状認否についてはどうですか。

A　裁判所も留意していますが，被告人によっては，陳述の際，一度にたくさん話し出すことがありますので，法廷に入ったらすぐにメモの準備をしておくことなどが必要です。

特に罪状認否は重要な手続ですので，慎重に通訳をする必要があります。被告人がうなずいた場合にも安易に「はい。」と通訳をするようなことは避けてください。

⑦Q　被告人が，弁護人の接見の際と異なることを述べた場合にはどうすればよいですか。

A　証拠となるのは，公判廷での発言ですから，接見の際の内容にかかわらず忠実に通訳すべきです。この場合には，接見の際の被告人の発言に影響されるようなことがあってはいけません。

⑧Q　書面を事前に交付された場合には，どのようなことに留意したらよいですか。

A　分からない法律用語，読めない地名，人名等がある場合には早めに尋ねておく必要があります。書証の要旨の告知のために証拠等関係カードが交付されている場合には，略語表（１８５ページ参照）で書証の表題を確認しておくとよいでしょう。

ただ，事件の進行によっては，事前に交付された書面の内容が変更されることがありますので，柔軟に対応する必要があります。

第2節　開廷前の準備

開廷前には，裁判官又は書記官と通訳人との間で，その期日に予定された手続を確認するとともに，必要な書類や送付した書類等が手元に届いているかどうか確認することもあります。この際に書類の中に分からない用語がある場合には，説明を求めるとよいでしょう。

なお，通訳人には守秘義務がありますから，これらの書類の取扱いには細心の注意を払ってください。

①Q　開廷前に準備しておく必要のあるものは何ですか。

A　早めに書記官室へ行って（直接法廷に行くように言われる場合もあります。），宣誓書の署名，出頭カードの記載，報酬関係の書類への記載をする必要があります。印鑑を持っている方は，このときに使いますので，印鑑を持参してください。

> ②Q　開廷前の時間はどのように過ごすとよいでしょうか。
> 　A　早めに法廷に行って，自分の座る位置を確認し，メモや起訴状等の書面を通訳する順序に重ねておくなどの準備をしておくと落ち着いて通訳できるでしょう。
> 　　なお，開廷前に勝手に被告人や被告人の関係者と話をしないようにしてください。

第3節　公判廷での手続

1　通訳人の宣誓等

　まず，裁判官が，通訳人が本人であるか否かを確認する手続（人定尋問）を行います。

　続いて，宣誓していただきます。宣誓書を手に持って，声を出して読んでください。宣誓する場所については，裁判官の指示に従ってください。

> Q　通訳人の宣誓の際に氏名住所等を言いたくない場合にはどうすればよいですか。
> A　勾留質問の際と同様，あらかじめ人定事項を記載した書面をもとに，裁判官が「このカードに記載されているとおりですね。」と尋ねるのが一般的です。
> 　　念のため，事前に書記官にその旨を伝えておいてください。

2　被告人に対する宣誓手続等についての説明

　裁判官の指示に従って，被告人に対し，自分がこの裁判に

おいて裁判所から通訳を命じられたこと,そして誠実に通訳することを宣誓した旨を告げてください。

なお,これ以降は,着席のまま通訳していただいて差し支えありません。

3 被告人の人定質問

裁判官は,被告人に対して,証言台の前に進み出るよう命じ,氏名,生年月日,国籍,日本における住居及び職業を尋ねます。

4 起訴状朗読

検察官が起訴状記載の公訴事実,罪名及び罰条を朗読します。

なお,性犯罪等の事件については,起訴状に記載されている被害者の氏名や住所などの被害者を特定させる事項を法廷において明らかにしない旨の決定(以下「被害者特定事項の秘匿決定」といいます。)がされることがあります。この場合には,起訴状に記載されている被害者の氏名や住所等は明らかにされず,「被害者に対し」であるとか,「○○市内の被害者方において」などと朗読されます。

①Q 起訴状につき,外国語に的確な訳語がない場合はどのようにすればよいですか。

A 起訴状朗読では,起訴状に記載されている内容を忠実に通訳する必要がありますが,中にはぴったりと当てはまる訳語がない場合もあります。そのような場合には,説明を付加して訳さざるを得ないことになります。用語

の意味内容について不安がある場合には，事前に書記官に相談してください。

② Q　被害者特定事項の秘匿決定がされた場合には，検察官が朗読したとおりに通訳すべきですか。それとも，起訴状に記載されている内容のとおり通訳すべきですか。
　　A　必ず検察官が朗読したとおりに通訳してください。被告人には，起訴状朗読後に起訴状及び起訴状概要の翻訳文が示されますので，朗読されなかった部分を通訳する必要はありません。

5　黙秘権の告知

裁判官が被告人に対し，黙秘権を告知します。

6　事件に対する被告人の陳述

裁判官が被告人に対し，公訴事実についての認否を尋ねます。

7　弁護人の意見

裁判官が，公訴事実について，弁護人に意見を求めます。これが終わると，被告人は，裁判官の指示で着席します。

8　ワイヤレス通訳システムの利用

ワイヤレス通訳システムとは，送信機を装着した通訳人が小声で通訳を行い，それを受信機のイヤホンを通じて被告人に伝える装置です。公判廷における日本語での発言のうち，事前に通訳人に書面が交付された手続部分について，日本語での発言に並行して，あらかじめ準備した通訳内容を伝える

形で同時進行的な通訳ができるようにするものです。したがって，このシステムはいわゆる同時通訳とは異なるものです。

　これにより，手続を中断することなく，被告人に通訳内容を伝えることができることになるため，審理時間の短縮，ひいては通訳人の負担の軽減を図ることができるとともに，短縮された時間を証人尋問や被告人質問に充てて審理の充実を図ることができます。

　このシステムは，法廷では次のように運用されています。

(1)　通訳人が送信機を，被告人が受信機を，それぞれ使用する。

(2)　冒頭陳述，書証の要旨の告知，論告，弁論などのように，検察官又は弁護人があらかじめ準備し，通訳人に交付してあった書面を法廷においてそのまま朗読する手続に使用し，起訴状朗読，証人尋問，被告人質問及び判決宣告には使用しない。

---

①Q　ワイヤレス通訳システムを利用する場合に，通訳人として留意すべき事項は何ですか。

　A　まず，事前に交付された書面の内容を通訳できるように十分に準備をしておく必要があります。

　　また，被告人がワイヤレス通訳システムの使用を拒んでいるときは，その旨裁判所に伝えてください。

　　当該機器はささやくような声で話をしても被告人に聞こえるようになっています。できる限り声を落として通訳してください。

②Q　ワイヤレス通訳システムを使用する際には，検察官や弁護人が書面を読む速度に合わせて該当部分を通訳すべきですか。

A　書面の内容を通訳するわけですから，検察官や弁護人が書面を読む速度に合わせる必要はありません。むしろ，被告人に書面の内容を理解させる速度で通訳をすることが重要です。

9　証拠調べ手続

(1)　冒頭陳述

「この裁判で検察官が証拠により証明しようとする事実は，以下のとおりである。」などと告げた後，検察官が冒頭陳述を行います。

なお，公判前整理手続が実施された場合で，弁護側の主張があるときには，検察官の冒頭陳述の後に弁護人の冒頭陳述が行われ，引き続き公判前整理手続の結果を明らかにする手続が行われます（６６ページの参考例参照）。この場合，証拠申請等に関する以下の(2)から(4)の手続は，通常，公判前整理手続の中で既に行われているため，この後は(5)の証拠の取調べが行われることになります。

Q　冒頭陳述は一括して通訳するのでしょうか，それとも一文ごとに区切って通訳するのでしょうか。

A　一括して通訳する場合が多いと思われますが，書面が事前に交付されていないような場合には，一文ごとに通

> 訳をすることもあります。

(2) 検察官からの証拠申請

　通常，冒頭陳述に引き続いて検察官が「以上の事実を立証するため証拠等関係カード記載の証拠を申請します。」などと述べます。

(3) 検察官の証拠申請に対する弁護人の意見

　検察官の証拠申請に対して，弁護人が同意，不同意などの意見を述べます。同意，不同意という言葉は通常の日本語の意味とは異なる意味を持つものですから，その意味をしっかりと理解しておく必要があります。

　また，この際に具体的な事実を示して，信用性がないとか，違法収集証拠であるというような主張がされることもありますので，メモを取る準備をしておく必要があります。

(4) 裁判所の証拠採否（証拠を採用するか却下するか）の決定

　弁護人の同意がない限り，原則として証拠書類については，証拠調べをすることはできません。裁判所は，弁護人が同意した証拠書類について，必要性や相当性を判断した上，証拠として取り調べることを決定します。弁護人が不同意とした証拠については，それに代えて，証人尋問の請求がされることもあります。

(5) 採用された証拠の取調べ

　ア　証拠書類の内容の要旨の告知（又は朗読）

　　交付された証拠等関係カードのうち採用された証拠書

類については，検察官が要旨を告知（又は朗読）するので，その順に，その内容を通訳してください。

イ　証拠物の展示

証拠物の取調べは，検察官が採用された証拠物を法廷で示すことによって行いますが，このとき被告人に対する質問をする場合があります。すなわち，被告人が，裁判官の指示により証言台に進み出た後，検察官は被告人に対し，「検察官請求証拠番号○○番の・・・・を示す。」と述べ，「あなたは，この・・・・に見覚えがありますか。これはあなたの物ですか。」などと質問します。

(6)　証人尋問

ア　証人の宣誓及び虚偽の証言に対する注意

証人が宣誓した後，裁判官から証人に対して，虚偽の証言をすると偽証罪で処罰される旨の告知があります。

イ　通訳の方法

(ア)　外国語を使用する証人の場合

a　被告人と同じ言語の場合

日本語の尋問→通訳→証人の供述→通訳の順に行います。

b　被告人と異なる言語の場合（次の２通りがあります。）

(a)　日本語の尋問→証人に対する尋問の通訳→被告人のための尋問の通訳→証人の供述→日本語への通訳→被告人のための供述の通訳の順に行う方法

(b)　日本語の尋問→証人に対する尋問の通訳→証人の供述→日本語への通訳→被告人のための尋問と供述の通訳の順に行う方法

(a)の方法が原則ですが，この方法では，通訳の間に，証人が質問の内容を忘れてしまうことなどもありますので，これに代えて，(b)の方法を採ることもあります。

(イ)　日本語を使用する証人の場合（次の２通りがあります。）

ａ　日本語の尋問→通訳→証人の供述→通訳の順に行う方法

ｂ　日本語の尋問→証人の供述→尋問と供述の通訳を行う方法

ａの方法が原則ですが，前記(ア)ｂと同じ理由でｂの方法を採ることも多いようです。

なお，情状証人の場合には，ある程度尋問と供述を続けた後，裁判官が通訳人に供述の要旨を告知し，まとめて通訳してもらうこともあります。

ウ　証人の不安や緊張等を緩和するための措置

犯罪によって被害を受けた方等が証人として証言する場合，不安や緊張を緩和するため，次のような措置をとることが認められています。

(ア)　証言をする際，家族等に付き添ってもらうことができます（付添い）。

(イ)　証人と被告人や傍聴席との間につい立てなどを置

き,被告人や傍聴席の視線を気にせず証言することができます(遮へい)。
(ウ) 事件によっては,法廷とテレビ回線で結ばれた別室で証言することもできます(ビデオリンク)。

なお,遮へいの措置をとった際に,被告人の様子が見えにくく,通訳をするに当たって支障がある場合には,裁判官に申し出てください。被告人の着席位置を変更したり,つい立ての位置を調整するなど,裁判官が適宜判断し,対処することになります。

---

①Q　質問とそれに対する答えがちぐはぐになった場合には,答えをそのまま訳すべきですか,それとも,もう一度聞き直すべきですか。

　A　ちぐはぐのまま通訳してください。気になるようなら裁判官に,「かみ合っていませんけれども通訳としてはそのまま伝えます。」と告げるとよいでしょう。

---

②Q　質問の意味が不明瞭であったり,同音異義語でどちらの意味かはっきりしないような場合にはどうすればよいのですか。

　A　裁判官の許可を得て確認すべきです。

---

③Q　証人の発言等について,重要でないと思われる部分については通訳を省略してよいですか。

A　省略してはいけません。できる限り忠実に通訳してください。一部を省略したり内容をまとめたりすることはしないでください。

④Q　証人尋問の通訳を行う際には，どのような態度で行えばよいですか。
　A　証人に対して中立な立場で接し，その証言等に対して，仮に不信や同情等を感じても，表情に出さないようにしてください。

⑤Q　証人があいまいな返事をしたり，証言をしている途中で，言い直しをした場合には，どのように通訳すべきですか。
　A　そのまま通訳をすべきです。内容を明確にさせるためや供述の矛盾を整理するため聞き直して供述を引き出したり，通訳人が勝手に解釈して断定的な通訳をしてはいけません。

⑥Q　証人の答えが長すぎて通訳しにくい場合には，どうしたらよいですか。
　A　手を上げるなどして，裁判官に答えが長すぎて通訳しにくいことを伝えてください。そうすれば，裁判官が答えを一文ずつ区切って通訳するように指示したり，尋問者に対して問いを工夫してもらうよう指示するなど，適宜判断し，対応してくれます。

⑦Q　証言の内容が高度に専門的，技術的であるなどの理由により，そのまま通訳をすることに無理があると感じた場合には，どうしたらよいですか。

　A　直ちにそのことを裁判官に告げてください。分かる部分だけを通訳するようなことは，しないでください。

　　可能であれば平易な内容に証言をし直してもらうなどの措置を採ることになります。

⑧Q　証人との間で，アクセントや方言のためにコミュニケーションが取りづらいときには，どうしたらよいですか。

　A　直ちにそのことを裁判官に告げて，指示を待ってください。程度にもよりますが，ゆっくり証言させたり，繰り返し証言することにより手当てができるのであれば，そのような方法を採ることになります。

⑨Q　通訳をする際には，発言者の表現を忠実に再現するべきですか。

　A　発言者と同じ表現を使ってください。例えば丁寧語を用いるなどして表現方法を改めるようなことはしないでください。

⑩Q　証言の途中で，例えば大きさや高さや量を示すために，証人が身振り手振りをした場合には，身振り

手振りも含めて通訳すべきですか。
A　言葉だけを通訳すればよく，身振り等を繰り返す必要はありません。

⑪Q　答えが聞き取れないなどの理由により，答えを繰り返してほしいと思ったときはどうすべきですか。
A　裁判官に，「聞き取れませんでしたので，証人に答えを繰り返すように頼んでもいいですか。」と断ってから頼んでください。

⑫Q　尋問に対して異議が出された場合には，どのようにしたらよいですか。
A　異議に対する意見，判断などの一連のやりとりを逐一通訳するのか，あるいは，やりとりが終わった後に裁判官が通訳すべき範囲をまとめて，それに従って通訳するのかなど，裁判官の指示に従って対応してください。ただ，一連のやりとりは，メモに取っておくとよいでしょう。

⑬Q　証言中の語句，言い回し等を理解できない場合や，通訳できない場合にはどうしたらよいですか。
A　証言の繰り返しや別の言葉での表現を頼んでよいかについて裁判官の許可を得てください。

⑭Q　証人等が人数や性別がはっきりしない代名詞を使った場合には，どうしたらよいですか。

A　そのために完全な通訳ができないことを裁判官に告げて，その部分をはっきりさせるように質問してよいかどうかの許可を得てください。

⑮Q　質問者が名前や数字を間違って質問している場合でもそのまま通訳すべきですか。
　A　そのまま通訳すべきです。誤りの指摘や訂正についても裁判官や検察官，弁護人に任せてください。
　　ただ，明らかに誤解に基づく場合で，だれも気が付いていないと思われるときには，その旨を裁判官に指摘してください。

⑯Q　通訳に関し，正確性について疑問がある旨の指摘を受けた場合にはどうしたらよいですか。
　A　裁判官の指示を待ってください。裁判官の許可があるまで，正確性について自分の意見を述べるのは差し控えてください。通常，裁判官は，問題とされた供述等を引き出す発問からやり直してもらい，あるいは発問の仕方を変えて平易な表現でその点を聞き直させることにより処理する場合が多いと思われます。

⑰Q　質問や発言の中に寸法や重量，外国通貨の量が含まれている場合には，日本のそれらのものに換算すべきですか。

A 自分で換算する必要はありません。換算は，基本的には裁判官，検察官又は弁護人が行います。
　暦についても一度そのまま通訳してください。その後，換算に関するやりとりがあった場合にはそれを通訳し，また，裁判官から西暦等に換算した上で通訳するように指示された場合には，それに従ってください。

⑱Q 図面を利用した尋問等の場合に，留意する事項は何ですか。
A 被告人が「ここ。」とか「あそこ。」と発言した場合でもそのとおり通訳する必要があります。また，複雑な尋問の場合には，書記官に頼んで図面の写しを準備してもらうとよいでしょう。

⑲Q 仲間うちでだけ用いられる特殊な用語が使用された場合には，通常の言葉に直して通訳すべきですか。
A そのまま通訳する必要があります。そして，必要があれば裁判官等が続けて質問しますので，それを待つべきです。

⑳Q 鑑定証人の尋問の場合に留意すべき事項は何ですか。
A 難しい専門用語を通訳する必要がありますので，あらかじめ尋問の際に使用すると思われる用語につ

> いては調べておく必要があります。また，尋問の中に理解できない言葉がある場合には，遠慮なく申し出てください。専門用語を調べる時間が必要な場合には，その旨申し出てもよいでしょう。

10　被告人質問

　被告人は，宣誓することはありません。なお，通訳は，日本語の質問→通訳→被告人の供述→通訳の順序で行うのが一般的です。

> ①Q　被告人が質問の内容を理解していないと思われる場合にはどうしたらよいですか。
> 　A　通訳人の判断で被告人に説明したりせず，よく理解できていないということを裁判官に告げてください。

> ②Q　被告人が個人的に話しかけてきた場合にはどうすべきですか。
> 　A　会話に応じないで，身振りなどで，会話はできないことを示してください。実際に話しかけられた場合は，その内容を裁判官に伝えてください。

11　論告

　検察官の事件に関する最終的な意見が述べられます。検察官から事前に「論告要旨」と題する書面（ただし，求刑部分を空欄としたもの）が交付されるのが一般的です。書面が交

付されている場合には，検察官の意見陳述後に，この書面に基づいて通訳してください。また，この場合には，ワイヤレス通訳システムを利用することが多いと思われます。

なお，被告人が求刑の意味を理解していない場合には，裁判官が補足説明をすることがあり，その場合には，それを通訳することになります。

Q　論告の際に留意する事項は何ですか。

A　求刑は，あくまでも検察官の意見ですが，判決を宣告されたと誤解する被告人も多いです。通訳人の方もこの点についてはよく理解しておいてください。

　なお，論告要旨が事前に交付される場合でも，求刑のところは空欄になっている場合がほとんどです。したがって，求刑についてはその場で検察官が述べた内容を正確に聞き取り，通訳するようにしてください。聞き漏らした場合には，検察官に確認してください。

12　弁護人による弁論

弁護人の事件に関する最終的な意見が述べられます。弁護人からあらかじめ「弁論要旨」又は「弁論メモ」と題する書面が通訳人に交付され，通訳はこれに基づいて行うのが一般的です。弁論要旨等を事前に交付してある場合には，ワイヤレス通訳システムを使用することが多いと思われます。

弁護人が，弁論要旨等を事前に準備していないときは，弁護人は通訳できるよう適当な範囲で区切って弁論し，通訳人

は順次通訳する運用になることが多いと思われます。

> Q ワイヤレス通訳システムを使用する論告・弁論の手続で，検察官が被告人の弁解内容に対応して，事前に交付した論告要旨の書面の内容を一部訂正，追加したり，弁護人が論告の内容に対応して弁論要旨の内容を同様に変更した場合にはどうしたらよいですか。
> A 検察官又は弁護人が訂正，追加した部分を通訳人に指摘しますので，それに基づいて通訳することになります。

13　被告人の最終陳述

裁判官が，被告人に対し，「これで審理を終えますが，最後に何か言いたいことがありますか。」などと尋ねます。被告人は，証言台に進み出て陳述する場合がありますので，その内容を通訳してください。

14　次回期日の指定

裁判官が次回期日を指定しますので，その期日と，次回期日に何を行うかについて，裁判官の説明したことを通訳してください。被告人の最終陳述が終わっていれば，次回期日には判決が言い渡されることになります。

続行期日，判決宣告期日を指定する際には，通訳人と調整して期日を指定することになります。特に，継続して開廷する場合には，通訳人との関係で期日を一括指定することもありますから，自分の都合を何か月か先まで正確に把握しておく必要があります。

15　判決宣告の手続

判決宣告の手続については，法廷通訳参考例（８４ページ）を参考にしてください。

判決書の内容は事前に外部に漏れると困りますので，当日までは見ることができません。ただ，判決を正確に通訳できるようにするため，通訳人用の判決要旨，判決写しを作成し，裁判所によっては，これを判決宣告期日の開廷１０分ないし３０分くらい前に通訳人に交付し，事前に目を通してもらうといった運用もされています。この場合に，判決要旨等を交付した後は書記官室から出ないようにしてもらっているようです。裁判所がどのような方法を採っているのかを確認するとよいでしょう。また，判決の要旨等がないと通訳に不安がある場合には，あらかじめ書記官にその旨を申し出るとよいでしょう。

いずれにしても，判決宣告期日には少し余裕をもって裁判所に行くとよいでしょう。

なお，判決宣告手続にはワイヤレス通訳システムは使用しない取扱いです。

①Q　判決宣告期日の公判に要する時間は，どれくらいを予定しておけばよいですか。

A　事件によって異なりますので，裁判官にどの程度時間を取っておけばよいか確認してください。

一般的には，被告人が否認している事件は，自白事件よりも時間を要することになります。

さらに，判決宣告期日に弁論を再開して証拠調べ等を行うこともありますので，注意してください。

②Q　執行猶予の説明を通訳する際に留意すべき事項は何ですか。

A　執行猶予の説明は，被告人には分かりにくい面がありますので，裁判官もできるだけ分かりやすい説明をするように心掛けています（８６ページの参考例参照）。それでも被告人が理解していないと思われる場合には，裁判官にそのことを告げてください。

③Q　未決勾留日数の刑への算入の説明を通訳する際に留意すべき事項は何ですか。

A　未決勾留日数の刑への算入の説明も被告人には分かりにくいようですので，裁判官は分かりやすい説明を心掛けています（８６ページの参考例参照）。通訳人においても書記官に尋ねるなどして内容をよく理解しておいてください。

16　上訴期間等の告知

有罪の判決の場合には，裁判官は被告人に対して上訴期間及び上訴申立書を差し出すべき裁判所を告知します。

17　即決裁判手続

即決裁判手続とは，争いのない明白軽微な一定の事件について，検察官からの申立てにより，裁判所が決定に基づいて

行う手続です。この手続には，①起訴されてから公判期日までの期間が短いこと（できる限り，起訴後１４日以内の日に公判期日を指定することとされています。），②一般の公判手続と比べ，簡略な方法で証拠調べが行われること，③原則として，即日判決が言い渡され，その判決において懲役又は禁錮の言渡しをする場合には，必ずその刑の執行が猶予されることなどの特徴があります。

Q　即決裁判手続において留意すべき事項は何ですか。

A　通常の事件と比べ，起訴されてから公判期日までの期間が短いことから，事案によっては，通訳の依頼が期日の直近になることがあります。その場合には，御協力をお願いします。

また，公判期日において交わされるやりとりについて，通常の手続とは一部異なる部分があります（７６ページの参考例参照）。このほか，原則として即日判決が言い渡されるため，判決宣告の通訳の準備をどうするのかを含め，あらかじめ書記官等に手続の流れを確認しておくとよいと思われます。

第4節　裁判員裁判

裁判員裁判においては，一般の国民の中から選ばれた裁判員が裁判官とともに審理に参加することから，その審理は集中的・連日的に行われます。これを可能とするために，すべての事件において必ず公判前整理手続が実施され，こ

の中で事前に争点や証拠の整理等が行われます。

　また，法廷での審理内容を裁判員にも分かりやすいものにするため，法廷内で使用される法律用語は，一般の人にも分かるような言葉に言い換えられたり，冒頭陳述等においてプレゼンテーションソフトが用いられる例もあります。さらに，証拠調べにおいても，供述調書等は全文朗読又は限りなくこれに近い要旨の告知の方法によって取り調べられているほか，証人に法廷で直接証言してもらうことも増えています。なお，プレゼンテーションソフトが用いられる場合には，示された文書や画像などの内容をスムーズに通訳することができるように，事前に裁判所や訴訟関係人と打合せをしておくとよいでしょう。

---

①Q　連日的開廷が行われる場合，通訳人の負担はかなり重くなるのではないでしょうか。

　A　裁判員裁判における尋問は，従来よりも争点に即した，簡にして要を得たものとなりますし，また，裁判員の疲労や負担にも配慮して，これまでよりも頻繁に，相応の時間の休憩が取られることになります。したがって，一概に通訳人の負担が重くなるということはありません。

---

②Q　裁判員裁判を担当するにあたり，事前に裁判所と打合せをしておく必要はありますか。

　A　連日的開廷により，肉体的，精神的疲労が蓄積して

一人で通訳をすることが困難と予想される場合や，日程の都合がつかず，一部の期日に出頭できない場合などには，事前に裁判所に申し出てください。審理中の休憩の取り方や，場合によっては，通訳人を複数選任することなどについて，裁判所が，通訳人の意向も考慮しつつ，個別に判断させていただくことになります。

③Q　公判期日までの準備事項で，これまでと異なる点はありますか。
　A　裁判員裁判では，供述調書等は全文朗読又は限りなくこれに近い要旨の告知の方法によって取り調べられることになります。その通訳の準備のため，あらかじめ訴訟関係人から通訳人に資料が交付されることがありますので，それを基に準備しておくとよいでしょう。受け取った書類については，絶対に他人の目に触れることのないよう細心の注意を払うようにしてください。

第5節　被害者参加

殺人，傷害，自動車運転過失致死傷等の一定の刑事事件の被害者や遺族の方等が，裁判所の許可を得て，被害者参加人として刑事裁判に参加し，検察官との間で密接なコミュニケーションを保ちつつ，一定の要件の下で，公判期日に出席するとともに，証人尋問，被告人質問及び事実又は法律の適用についての意見の陳述を行うことができる制度

です。

　なお，被害者参加人が日本語に通じない場合にも，通訳をお願いすることになります。

---

①Q　被害者参加人が発言するのは，具体的にはどのような場面ですか。

　A　情状に関する証人の供述の証明力を争うために必要な事項について証人を尋問する場面，被害者参加人が意見を述べるため必要と認められる場合に被告人に質問をする場面，事実又は法律の適用について意見を述べる場面などがあげられます。なお，被害者参加人が出席する際にも，付添い，遮へいの措置が認められています（２７ページ９(6)証人尋問ウ(ｱ)(ｲ)参照）。

---

②Q　被害者参加人が意見陳述を行う場合，どのように通訳をすればよいですか。

　A　一文ずつ区切って通訳を行うか，陳述後にまとめて通訳を行うかなど，通訳の方法については，あらかじめ裁判所と相談しておくとよいでしょう。なお，意見陳述が長くなる場合には，被害者参加人が事前に準備していた読み上げ書面に基づいて通訳をしていただく場合もあります。

---

③Q　被告人から，どうして被害者等が法廷に立ち会っているのかと尋ねられた場合，どのように対応すればい

いですか。

A　そのような場合には，通訳人の判断で被告人に説明したりせず，裁判官に対してその旨を伝え，指示に従ってください。

第５章　その他の留意事項

①Q　判決宣告直後に，弁護人から，被告人に判決の内容やその後の手続について説明をするための通訳を依頼された場合はどうしたらよいですか。

A　そのような説明が必要となる場合もありますので，依頼された場合にはよろしくお願いします。

②Q　弁護人以外の者から，被告人と接見等をする際の通訳を依頼された場合にはどうしたらよいですか。

A　公正さに疑いを持たれる行為ですから，断ってください。

③Q　弁護人から上申書等の翻訳を依頼された場合にはどうしたらよいですか。また，その場合の報酬はどのようになりますか。

A　弁護活動を行う際に使用される一定の書面について，国選弁護人からの依頼に基づいて翻訳を行った場合には，弁護人から報酬の支払を受けることができます。依頼を引き受けるに当たっては，事前に報酬等につい

て弁護人から説明を受けておくとよいでしょう。

④Q　通訳費用の負担について被告人から尋ねられたらどうしたらよいですか。
　A　弁護人に尋ねるよう告げてください。ちなみに通訳にかかった費用については，裁判実務では被告人に負担させない運用が定着しています。

⑤Q　判決宣告により終了した事件の関係書類はどうしたらよいですか。
　A　まず，判決要旨は，宣告後すぐに裁判所に返還してください。その他の書類については，裁判所から返還を求められなければ，処分して差し支えありませんが，書類が他人の目に触れないように，処分方法には十分に注意してください。

第２編

控訴審における刑事手続の概要

第２編　控訴審における刑事手続の概要

第１章　控訴審とは

1　上訴制度

上訴とは，未確定の裁判に対して，上級裁判所の審判による救済を求める不服申立ての制度です。

第一審の判決に不服がある場合には，訴訟当事者は，事実誤認，訴訟手続の法令違反，法令適用の誤り，量刑不当などを理由として，高等裁判所に対して上訴（控訴といいます。）することができます。控訴審の裁判所は，第一審が地方裁判所又は簡易裁判所のいかんにかかわらず高等裁判所です。控訴審では合議体で裁判を行います。

控訴審の判決に不服がある場合には，最高裁判所に上訴（上告といいます。）することができます。

2　控訴審の役割

控訴審では，申立人の指摘する控訴理由を中心に，第一審判決の当否を審査することが直接の目的とされます。審理の結果，第一審判決を維持すべきであれば控訴棄却，第一審判決を取り消す必要があれば原判決破棄となります。原判決破棄の場合には，第一審裁判所に事件を差し戻し，又は移送するときと，控訴審の裁判所が自ら事件について判決をし直すときとがあります。

第２章　控訴の申立て等

1　控訴の提起期間

控訴の申立てのできる期間は，１４日以内と規定されています。この期間は，第一審判決の宣告のあった日の翌日から起算されます。

2　申立ての方式

第一審の判決（原判決ともいいます。）に対して控訴する場合には，当事者は控訴申立書を第一審の裁判所（原裁判所ともいいます。）に提出して行います。

控訴の申立てがあったとき，第一審裁判所は，速やかに訴訟記録及び証拠物を控訴裁判所に送付します。

3　上訴の放棄

上訴の放棄とは，上訴の提起期間満了前に，上訴する権利を放棄することですが，死刑，無期懲役及び無期禁錮のような重大な刑に処せられた判決に対しては上訴を放棄することはできません。

なお，上訴を放棄した者は，上訴の提起期間内であっても更に上訴を提起することはできません。

4　上訴の取下げ

上訴の取下げは，上訴審の判決があるまですることができます。

なお，上訴を取り下げた者は，上訴の提起期間内であっても更に上訴を提起することはできません。

第３章　控訴審の手続

第１節　控訴審の第１回公判期日までの手続

1 弁護人選任に関する手続

　弁護人は審級ごとに選任しなければなりません。したがって，第一審において弁護人を選任していた場合であっても，控訴を申し立てた被告人は，控訴審でも弁護人を選任しようとする場合には，改めて裁判所に弁護人選任書を提出しなければなりません。裁判所の行う弁護人選任照会，国選弁護人選任の手続等については第一審の場合と同様です。照会書については，高等裁判所の依頼に基づいて，第一審裁判所において送付するという取扱いが実務においてされています。

2 通訳人の選任に関する手続

　通訳人の選任については，第一審の場合と同様です。

3 被告人の移送

　控訴審において，被告人が勾留されている事件の公判期日を指定するときは，その旨を検察官に通知しなければなりません。通知を受けた検察官は，被告人の身柄を，速やかに控訴審裁判所の所在地にある拘置所に移送します。

　これは，被告人が控訴審の公判に備えて，弁護人との打合せ等の準備をしたり，自ら公判廷に出頭したりする際の便宜等のためです。

4 控訴趣意書の提出

　控訴趣意書とは，控訴の申立てをした者が控訴審に対して自己の主張である控訴理由を簡潔に指摘した書面です。控訴趣意書は，被告人自身で書いて差し出すことも法律上はできますが，通常は，弁護人が被告人のために作成して差し出しています。

なお，控訴の申立ての理由は，控訴趣意書に記載すればよく，必ずしも控訴申立書に記載する必要はありません。

　控訴審裁判所は，控訴趣意書を受け取ったときは，速やかにその謄本を相手方に送達しなければなりません。

＊控訴理由の限定
　　控訴の理由は，刑訴法に定められており，それ以外の事由を控訴理由とすることはできません。控訴の理由としては量刑不当が最も多く，事実誤認がこれに次ぎ，訴訟手続の法令違反，法令の適用の誤りもよく見られます。

＊控訴趣意書差出最終日の指定
　　裁判所は，控訴趣意書につき，期間を定めて提出を促します。その期間は，控訴趣意書差出最終日指定通知書を控訴申立人に送付することによって通知します。

5　答弁書の提出
　答弁書は，控訴趣意書に対する相手方の意見を記載したもので，書面により控訴審裁判所に差し出すものです。

6　第1回公判期日の指定と被告人の召喚
　控訴審においては，被告人は，裁判所が特に出頭を命じた場合以外は公判期日に出頭する義務はありません。しかし，公判期日に出頭し，自ら防御権を行使する権利は保障する必要がありますので，期日が指定されたときは，実務上，被告人に対して公判期日召喚状による召喚の手続がとられています。実際にも，被告人が出頭するケースが圧倒的に多いとされています。

＊被告人に対する出頭命令

裁判所は，５０万円以下の罰金又は科料に当たる事件以外の事件について，被告人の出頭がその権利の保護のため重要であると認めるときは，被告人の出頭を命ずることができます。この出頭命令があると，被告人は，公判期日に出頭する義務が課せられることになります。

第2節　控訴審における公判審理

1　概要

控訴審の公判審理は，まず第１回公判期日で，控訴を申し立てた当事者から控訴趣意書に基づく弁論がなされ，これに対する相手方の答弁があります。必要がある場合は請求又は職権により事実の取調べが実施されます。

事実の取調べが終了すると，当事者の請求により事実の取調べの結果に基づき弁論をすることができます。

弁論が終結されると，判決宣告期日が指定されて，その期日に判決が宣告されます。

＊被告人の弁論能力の制限

裁判所が被告人質問を採用したときには，被告人は訴訟関係人の質問に対して任意の供述はできますが，弁論をすることはできないとされています。したがって，被告人のためにする弁論は，弁護人でなければこれをすることができません。

2　公判期日の手続の流れ

⑴　通訳人の人定尋問と宣誓

第一審と同様の手続で行われます。

⑵　被告人の人定質問

控訴審では，人定質問は必要的なものではなく，出頭した場合でも適宜の方法で人違いでないことを調べれば足りるとされています。実務では，被告人が出頭したときは，人定質問がなされるのが通例です。なお，控訴審でも「被告人」と呼ばれることは第一審と同じです。

　　　人定質問がされる場合は，第一審と同様に，裁判長が被告人に対し，氏名，生年月日，国籍，日本における住居及び職業を尋ねます。

　　＊黙秘権の告知
　　　　控訴審では，黙秘権の告知は必要的ではありませんが，行われることもあります。また，事実の取調べとして被告人質問をする場合に，その実施前に告知することもあります。
(3) 控訴趣意書に基づく弁論
　　　検察官及び弁護人は，控訴趣意書に基づいて弁論しなければならないとされています。控訴趣意書に記載した事項を基礎としてそれに関連する事項を説明したりすることや，控訴趣意書の範囲内であれば，期間経過後に提出された控訴趣意補充書あるいは控訴趣意補正書等に基づく弁論をすることも許されているのが実務の取扱いです。控訴趣意書の範囲を逸脱したり，趣意書に記載のない新しい主張を付加したりすることは許されません。

　　　被告人側が控訴を申し立てた場合に，被告人が自ら控訴趣意書を書いて提出することがありますが，被告人には弁論能力がありませんので，弁護人がその判断で被告人提出

の控訴趣意書をも含めて弁論をすることになります。

控訴趣意書に基づく弁論は，弁護人と被告人との間の打合せにより被告人に控訴趣意書の内容があらかじめ伝わっている場合には，「控訴趣意書記載のとおり」として行われることがほとんどです。被告人に内容が伝わっていない場合などは，弁護人が必要に応じて控訴趣意書の内容を要約したり，自ら要旨を作成して，それに基づき述べたりします。

(4) 控訴趣意書に対する相手方の意見（答弁）

控訴の申立ての相手方は，答弁書に基づき，又は答弁書の提出がないときは口頭で，控訴申立人の控訴趣意書の内容に反論する弁論をします。

被告人控訴の場合に，事前に検察官から答弁書が提出されている場合には，「答弁書記載のとおり」として答弁することがほとんどです。答弁書が提出されていない場合には，検察官が口頭で「本件控訴は理由がないので，棄却されるべきである。」などと答弁することになります。

(5) 事実の取調べ

控訴審の審査は，控訴理由の有無の調査という形で行われますが，事実の取調べはその調査の一方法です。控訴趣意書に包含された事項についての調査は，義務的に行われますが，事実の取調べはその調査に必要な場合に制限されています。

事実の取調べとしては，第一審における証拠調べの方法にのっとり，証人尋問，検証，鑑定，被告人質問あるいは

書証の取調べなどが行われることになります。

このほか，審理の過程で訴因等が変更される場合もあります。

(6) 事実の取調べの結果に基づく弁論

事実の取調べをしたときは，検察官及び弁護人は，その結果に基づいた弁論をすることができますが，任意的なものです。そして，この弁論は，事実の取調べの結果，控訴理由の存否につき意見をふえんする必要がある場合にその点に限って認められるものです。したがって，事件全般についての意見を陳述する第一審のいわゆる論告や弁論とは性質を異にします。

なお，被告人には弁論能力がないので，事実の取調べの結果に基づく弁論を認めず，その最終陳述も認めない扱いが実務の大勢です。

(7) 次回公判期日の指定・告知

3 判決宣告期日

判決宣告・上訴期間等の告知

(判決主文例については９８ページ，判決理由の例については１１８ページ参照)

＊被告人の収容

第一審判決で禁錮以上の刑の言渡しがされている場合に，控訴棄却の判決があると，保釈又は勾留の執行停止はその効力を失い，新たな保釈又は執行停止がない限り，被告人の身柄については，収容の手続がとられることになります。ただし，控訴審では直ちに収容の手続をとら

ないのが通例です。

第３編

法廷通訳参考例

第3編　法廷通訳参考例

ここでは，刑事裁判における具体的なやりとりの例を取り上げ，通訳の参考例を対訳の形で収録しています。第1編，第2編の刑事裁判手続の説明と合わせて活用してください。

概要目次

فہرست

56 ……………………………第1章　勾留質問手続

۱۔ فرد جرم عائد کرنے سے پیشتر حوالاتی ابتدائی سماعت

62 ……………………………第2章　公判手続

۲۔ ضابطہ تجویز، ٹرائل کا ضابطہ

88 ……………………第3章　第一審における判決主文の例

۳۔ ابتدائی عدالت میں فیصلہ جات کی مثالیں

98 ……………………第4章　控訴審における判決主文の例

۴۔ کوسواپیل کی عدالت کے فیصلہ جات کی مثالیں

100 ……………………第5章　第一審における判決理由

۵۔ ابتدائی عدالت کے فیصلہ کے دلائل

118 ……………………第6章　控訴審における判決理由

۶۔ کوسواپیل کی عدالت کے فیصلہ کے دلائل

第１章　勾留質問手続

1　前置き

（裁）　私は，○○地方裁判所の裁判官です。検察官から勾留請求といって，引き続いてあなたを留置してほしいという請求がありました。そこで，これからあなたを勾留するかどうかを決めるために，あなたに対して被疑事実を告げ，それに関するあなたの陳述を聴くことにします。その前にいくつかの注意及び説明をします。

2　黙秘権の告知

（裁）　まず第一に，あなたには黙秘権があります。私の質問に対し，始めから終わりまで黙っていてもいいし，個々の質問に対して答えを拒むこともできます。答えないからといって，それだけで不利益な扱いを受けることはありません。

3　弁護人選任権の告知

（裁）　第二に，あなたは自分の費用で弁護人を選任する権利があります。弁護人を選任したいけれども，弁護人の心当たりがないという場合には，弁護士会を通じて選任する方法があります。そのような申出があれば，裁判所から弁護士会に通知しますから，希望する場合は遠慮なく言ってください。

（被疑者国選弁護対象事件の場合）

あなたが経済的な理由などで自分の費用で弁護人を選任することができないときは，裁判官に弁護人の選

I. فرد جرم عائد کرنے سے پیشتر حوالاتی ابتدائی سماعت

1. ابتدائیہ

(جج) میں ** ضلعی عدالت کا جج ہوں۔ سرکاری مستغیث نے اس عدالت میں فرد جرم عائد کرنے سے پیشتر تمھاری حراست کی درخواست کی ہے۔ میں تمھارے خلاف مبینہ حقائق دہراؤں گا جس کے بعد تمھیں ان الزامات کے بارے میں کوئی بھی بیان دینے کا اختیار ہوگا۔ بہرحال سب سے پہلے میں تمھیں کچھ اطلاعات بہم پہنچانا اور تنبیہ کرنا چاہوں گا۔

2. خاموش رہنے کے حق کی اطلاع دینا

(جج) اولاً تمھیں خاموش رہنے کا حق حاصل ہے۔ میری تمام تفتیش کے دوران تم خاموشی اختیار کر سکتے ہو، یا اگر تم چاہو تو انفرادی سوالات کا جواب دینے سے گریز کر سکتے ہو۔ خاموشی اختیار کرنے یا کسی بھی سوال کا جواب دینے سے احتراز کرو گے تو یہ امر تمھارے مفاد کے خلاف نہیں ہوگا۔

3. وکیل صفائی مقرر کرنے کے حق کی اطلاع دینا

(جج) ثانیاً، تمھیں ذاتی اخراجات پر وکیل مقرر کرنے کا حق حاصل ہے۔ اگر تم وکیل مقرر کرنے کا فیصلہ کرتے ہو لیکن وکیل صفائی کے بارے میں معلومات حاصل نہیں تو یہ عدالت بار ایسوسی ایشن کے ذریعے تمھاری نمائندگی کے لیے وکیل تلاش کرنے میں مدد کر سکتی ہے۔ تمھیں عدالت کے روبرو تلاش وکیل کی درخواست دینے میں کسی قسم کی ہچکچاہٹ نہیں ہونی چاہیے۔ اگر تم درخواست دائر کرو گے تو عدالت تمھاری درخواست کی اطلاع بار ایسوسی ایشن کو ارسال کرے گی۔

(ایسی قسم کے مقدمہ، جس میں وکیل صفائی کی موجودگی لازمی ہو، کی صورت میں)

اگر تمھیں مالیاتی وجوہات وغیرہ سے اپنے خرچ پر وکیل صفائی مقرر کرنا مشکل لگتا ہے، تو تم جج سے وکیل صفائی کی تقرری کی درخواست دائر کر سکو گے۔ تمھیں یہ درخواست دائر کرنے پر اپنی مالیاتی حالت کا ریکارڈ پیش کرنا ہوگا۔ اور اس ریکارڈ میں درج

任を請求することができます。この請求をする場合には，資力申告書を提出しなければなりません。また，資力申告書の資力の合計額が５０万円以上の場合には，あらかじめ，○○弁護士会に弁護人の選任の申出をしていなければなりません。

4 勾留の要件の説明

(裁) あなたに，罪を犯したと疑うに足りる相当な理由があり，かつ，住居が不定であるか，証拠を隠滅したり逃亡したりすることを疑うに足りる相当な理由がある場合には，勾留されることになるかもしれません。

5 勾留の期間の説明

(裁) 勾留される期間は，原則として１０日間です。しかし，場合によっては，１０日たつ前に釈放されることもありますし，更に１０日以内の日数勾留が延長されることもあります。

6 被疑事実の告知

(裁) それでは，勾留請求の理由となっている犯罪事実を読むのでよく聞いてください。その後で，これに対して言いたいことがあったら述べてください。

「被疑者は，平成○○年１０月１０日午後6時５０分ころ，○○市丸山町１番１号所在の株式会社甲百貨店（代表取締役甲野太郎）本店３階貴金属売場において，同社所有のダイヤモンド指輪１個（時価３００万円相当）を自己の背広の内側ポケットに入れて窃取したものである。」

ملکیت کی کل رقم ۵ لاکھ ین سے زیادہ ہونے کی صورت میں تمھیں ** بار ایسو سی ایشن سے وکیل صفائی کی تقرری کی پیشگی درخواست دائر کرنی ہوتی ہے۔

4. فرد جرم عائد کرنے سے پیشتر حوالاتی ابتدائی سماعت کے ضابطے کا خلاصہ

(جج) اگر عدالت کو قوی شک ہو گیا کہ تم نے ارتکاب جرم کیا ہے نیز مندرجہ ذیل حقائق میں سے کسی ایک یا ایک سے زیادہ کے سزا وار ہو تو تمھیں زیر حراست رکھا جا سکتا ہے۔ اول یہ کہ تمھارا کوئی مستقل پتہ نہیں ہے۔ دوم یہ کہ اس بات کا قوی شبہ ہے کہ تم فرار ہونے کی کوشش کرو گے۔

5. فرد جرم سے پیشتر ابتدائی حراست کی مدت

(جج) بنیادی طور پر فرد جرم سے پیشتر ابتدائی حراست کی مدت ۱۰ دن ہے لیکن تمھیں ۱۰ دن سے پیشتر رہا بھی کیا جا سکتا ہے اور ۱۰ دن کی حراست کی مدت میں مزید ۱۰ دن کا اضافہ بھی کیا جا سکتا ہے۔

6. مبینہ حقائق کی اطلاع

(جج) زیر حراست رکھا جانے کی درخواست کی موجبات مندرجہ ذیل عائد کیے جانے والے فرد جرم میں موجود ہیں۔ پہلے تم غور سے سنو گے۔ ازاں بعد تمھیں اپنی رائے کے اظہار کا موقع دیا جائے گا۔

'مشتبہ شخص نے ۱۰ اکتوبر ****ء کی شام کو بوقت ۶ بج کر ۵۰ منٹ جانتے بوجھتے ڈیپارٹمنٹ اسٹور 'الف' (سی ای او: کونو تارو) واقع ۱-۱ مارویاماچو، ** شہر کے تیسری منزل پر واقع جیولری ڈیپارٹمنٹ سے عمدہ ہیرے کی ایک انگوٹھی (مالیت تقریباً ۳۰ (تیس) لاکھ ین) اپنے کوٹ کی اندرونی جیب میں چھپا کر چوری کر لی۔'

7　被疑事実に対する陳述

（被）・　事実はそのとおり間違いありません。

・　身に覚えがありません。

・　検察庁で述べたとおりです。

8　勾留通知先

（裁）あなたが勾留されることになった場合には，裁判所から弁護人あてにその旨を通知します。弁護人がない場合には，国内にいるあなたの配偶者，親兄弟等のうち，あなたが指定する１人に通知します。また，弁護人もそのような家族もない場合には，雇主とか知人などのうちからあなたが指定する１人に通知します。通知先の氏名，住居，電話番号を述べてください。

（被）日本にいる兄に連絡してください。

（裁）住所と名前は。

（被）名前は，Ａです。私と同じところに住んでいます。

9　領事機関への通報

（裁）あなたは，○○国国民として，領事関係に関するウィーン条約第３６条第１項（ｂ）の規定により，勾留の事実を○○国領事官に通報することを要求しますか。

（被）通報することを要求します。〈要求しません。〉

（裁）なお，領事機関に対しては，我が国の法令に反しない限り，信書を発することができます。

10　読み聞け

（書）あなたが述べたことを調書に書きましたので，それを読み上げます。間違いなければここに署名して，左

7. الزام کے بارے میں مشتبہ شخص کا بیان:

(مشتبہ) - یہ تمام حقائق (الزامات) درست ہیں۔

- میرا ان الزامات کے ساتھ کوئی واسطہ نہیں۔

- فی الحال میں دفتر مستغیث میں دیے گئے بیان پر قائم ہوں۔

8. فرد جرم سے پیشتر حراست کا اشتہار

(جج) اگر تمھیں حراست میں رکھا گیا تو عدالت تمھاری حراست کی اطلاع تمھارے وکیل صفائی کو دے گی۔ اگر تمھارا کوئی وکیل صفائی نہیں تو شریک حیات، تمھارے والدین یا تمھارے بہن بھائیوں میں سے ایک کو، جو جاپان میں ہو اور جسے تم نے نامزد کیا ہو، اطلاع کرے گی۔ اور تمھارا وکیل صفائی بھی، کوئی رشتہ دار بھی نہ ہونے کی صورت میں کمپنی کا مالک یا تمھارے واقفوں میں سے ایک کو اطلاع دے گی۔ اس کا نام، پتہ اور فون نمبر بتاؤ۔

(مشتبہ) براہ کرم جاپان میں میرے بڑے بھائی کو اطلاع کر دی جائے۔

(جج) اس کا نام اور پتہ کیا ہے؟

(مشتبہ) اس کا نام "الف" ہے۔ وہ اسی پتہ پر رہتا ہے جہاں میں رہتا ہوں۔

9. اشتہار برائے قونصل

(جج) کیا تم *** کے شہری کی حیثیت سے سفارتی تعلقات سے متعلق وی آنا کنونشن کی دفعہ ۳۶ (ا) بی کے تحت اپنی حراست کی اطلاع *** کے سفارت خانہ یا قونصل خانہ کو دینے کی درخواست کرتے ہو؟

(مشتبہ) جی ہاں، کرتا ہوں۔ (جی نہیں، نہیں کرتا۔)

(جج) تم اپنے قونصل کو خط لکھ سکتے ہو بشرطیکہ قانون جاپان سے مجاز ہو۔

10. بیان پڑھ کر سنانا

(کلرک) جو کچھ تم نے کہا، میں نے اسے تحریری بیان میں لکھ لیا ہے۔ میں اسے بلند آواز سے پڑھوں گا۔ اگر یہ درست ہے تو اس

人指し指で指印してください。

第2章　公判手続

1　開廷宣言

（裁）　開廷します。

2　通訳人の宣誓

（通）　良心に従って誠実に通訳をすることを誓います。

3　人定質問

（裁）　被告人は前に出てください。〈被告人は起立してください。〉

名前は何と言いますか。

生年月日はいつですか。

国籍（本籍）はどこですか。

日本国内に定まった住居はありますか。

職業は何ですか。

4　起訴状朗読

（裁）　それでは，これから被告人に対する○○被告事件についての審理を始めます。

起訴状は受け取っていますね。

まず，起訴状が朗読されますから，被告人は聞いていてください。

検察官，起訴状を朗読してください。

5　黙秘権の告知

（裁）　これから，今朗読された事実についての審理を行いますが，審理に先立ち被告人に注意しておきます。被告人には黙秘権があります。したがって，被告人は答

مقام پر دستخط کر دو اور اپنی شہادت کی بائیں انگلی کے ساتھ اپنے دستخط سے آگے مہر لگا دو۔

II. ضابطہ تجویز، ٹرائل کا ضابطہ

1. عدالت منعقد ہونا

(جج) اس عدالت کی کارروائی کا آغاز ہوتا ہے۔

2. مترجم کا حلف اٹھانا

(مترجم) میں اپنے ضمیر کے مطابق حلف اٹھاتا ہوں کہ میں دیانت داری اور سچائی کے ساتھ ترجمانی کروں گا۔

3. شناخت کے لیے مدعا علیہ سے سوالات

(جج) مدعا علیہ آگے آئیے۔ (مدعا علیہ کھڑے ہو جائیے۔)

اپنا نام بتاؤ۔

اپنی تاریخ پیدائش بیان کرو۔

اپنی قومیت (مستقل پتہ) بیان کرو۔

جاپان میں اپنی جائے رہائش کا پتہ بیان کرو۔

اپنا پیشہ بیان کرو۔

4. فرد جرم پڑھ کر سنانا

(جج) اب تمھارے خلاف *** کے الزام کا مقدمہ شروع ہوتا ہے۔

کیا تم فرد جرم کی نقل وصول کر چکے ہو، نا؟

پہلے، مستغیث فرد جرم پڑھتا ہے، اسے غور سے سنیے۔

مستغیث، کیا آپ فرد جرم پڑھنے کی مہربانی کریں گے؟

5. خاموش رہنے کے حق کی اطلاع

(جج) عدالت اب اس مقدمے کی سماعت کرے گی جو اس الزام سے متعلق ہے جسے مستغیث نے تمھیں پڑھ کر سنا دیا ہے۔ مندرجہ ذیل نکات کو ذہن میں رکھو۔ تمھیں خاموش رہنے کا حق حاصل ہے۔ تم کچھ سوالات کا جواب دینے سے

えたくない質問に対しては答えを拒むことができますし，また，始めから終わりまで黙っていることもできます。もちろん質問に対して答えたいときには答えてよいですが，被告人がこの法廷で述べたことは，被告人に有利，不利を問わず証拠として用いられることがありますから，そのことを念頭に置いて答えるようにしてください。

6　被告事件に対する陳述

（裁）　検察官が今読んだ事実について何か述べることはありますか。

（被）　・　事実はそのとおり間違いありません。
　　　　・　事実は身に覚えがありません。
　　　　・　酒を飲んでいたので，よく覚えていません。
　　　　・　物を取ったのは確かですが，人は殺していません。
　　　　・　被害者を刺したのは確かですが，殺すつもりはありませんでした。

7　弁護人の意見

（弁）　・　被告人の陳述のとおりです。
　　　　・　被告人には，窃盗の故意がないので，無罪を主張します。
　　　　・　被告人には，窃盗の実行の着手がありませんので，無罪を主張します。
　　　　・　被告人の行為は正当防衛に当たるので，無罪を主張します。

انکار کر سکتے ہو، یا مقدمے کی پوری سماعت میں خاموشی اختیار کر سکتے ہو۔ یقیناً تم کسی بھی سوال کا جواب دینے کا اگر پسند کرو تو اختیار رکھتے ہو۔ بہر حال اس عدالت میں تم جو بیان بھی دو گے وہ تمھارے خلاف یا تمھارے حق میں بطور ثبوت استعمال ہو سکتا ہے، لہذا سوالوں کا جواب دیتے وقت اس قاعدے کو مد نظر رکھو۔

6. الزام کے بارے میں مدعا علیہ کا بیان

(جج) کیا ان حقائق (الزامات) کے بارے میں جو مستغیث نے پڑھ کر سنائے ہیں، تم کچھ کہنا چاہتے ہو؟

(مدعا علیہ) - حقائق اپنی نوعیت میں مکمل طور پر درست ہیں۔

- میرا ان حقائق کے ساتھ کوئی تعلق نہیں۔
- میں متعلقہ وقت پر نشہ کی حالت میں تھا اور وقوعہ کے بارے میں میری یادداشت واضح نہیں۔
- میں نے زیر بحث اشیاء کی یقیناً چوری کی، لیکن میں نے کسی کا قتل نہیں کیا۔
- یہ درست ہے کہ میں نے مضروب (مظلوم) کو ضرب لگائی لیکن اسے قتل کرنے کی نیت نہ تھی۔

7. وکیل صفائی کی رائے

(وکیل صفائی) - مدعا علیہ کا بیان سچائی پر مبنی ہے۔

- مدعا علیہ اس بنا پر قصوروار نہیں ہے کہ اس کی چوری کرنے کی نیت نہ تھی۔
- مدعا علیہ اس بنا پر قصوروار نہیں ہے کہ چوری کا الزام لگایا گیا ہے بلکہ اس کے ارتکاب کا آغاز ہی نہیں ہوا۔
- مدعا علیہ حق حفاظت خود اختیاری کی بنا پر قصوروار نہیں ہے۔

8　検察官の冒頭陳述

（裁）　それでは検察官，冒頭陳述を行ってください。

　検察官が証拠によって証明しようとする事実を述べますので，被告人は聞いていてください。

（検）　検察官が証拠により証明しようとする事実は次のとおりであります。被告人は・・・・。

9　弁護人の冒頭陳述

（公判前整理手続が実施された場合で，弁護側の主張があるときには必ず行われるが，同手続が実施されなかった場合に行われることは少ない。）

（裁）　続いて，弁護人の冒頭陳述をどうぞ。

（弁）　それでは，弁護人の冒頭陳述を申し上げます。被告人は，本件犯行を行っておらず，無罪です。すなわち・・・・。

10　公判前整理手続の結果顕出

（公判前整理手続が実施された場合）

（裁）　次に，公判前整理手続の結果を明らかにする手続を行います。この公判に先立ち，裁判所，検察官，弁護人の３者によって行われた公判前整理手続の結果，本件における主たる争点は，次の２点であることが明らかになっています。まず第１点は・・・・。

11　証拠調べ請求

（検）　以上の事実を立証するため，証拠等関係カード（甲）（乙）記載の各証拠の取調べを請求します。

12　証拠（書証・証拠物）請求に対する意見

8. **مستغیث کا افتتاحی بیان**

(جج) مستغیث، برائے مہربانی اپنا افتتاحی بیان شروع کیجیے۔

مدعا علیہ، مستغیث کے افتتاحی بیان کو غور سے سنیے، جس میں مستغیث ان حقائق (الزامات) کی نشان دہی کریں گے جو وہ تمھارے خلاف ثابت کرنا چاہتے ہیں۔

(مستغیث) وہ حقائق جو ہم شہادت کے ساتھ ثابت کرنا چاہتے ہیں مندرجہ ذیل ہیں۔ مدعا علیہ۔۔۔

9. **وکیل صفائی کا افتتاحی بیان**

(قبل از مقدمہ مشاورت کی کارروائی کی جانے کی صورت میں وکیل صفائی کی طرف سے درخواست دی جائے تو یہ بیان ضرور دیا جاتا ہے۔ لیکن قبل از مقدمہ مشاورت کارروائی نہ کی جانے کی صورت میں یہ بیان شاذونادر دیا جاتا ہے۔)

(جج) وکیل صفائی، برائے مہربانی اپنا افتتاحی بیان شروع کیجیے۔

(وکیل صفائی) اب وکیل صفائی کا افتتاحی بیان دیا جاتا ہے۔ مدعا علیہ نے ارتکاب جرم نہیں کیا تھا، اس لیے وہ بے گناہ ہے۔ یعنی۔۔۔۔

10. **قبل از مقدمہ مشاورت کی کارروائی کے نتیجہ کا اعلان**

(قبل از مقدمہ مشاورت کی کارروائی کی جانے کی صورت میں)

(جج) اب قبل از مقدمہ مشاورت کی کارروائی کے نتیجہ کا اعلان کیا جاتا ہے۔ اس مقدمہ سے پہلے عدالت، مستغیث اور وکیل صفائی تینوں کے مابین کیے گئے قبل از مقدمہ مشاورت کی کارروائی کے نتیجے میں اس مقدمہ کے اہم دو عناصر ظاہر ہو گئے ہیں۔ اولاً۔۔۔

11. **شہادت کی پڑتال (معائنے) کی درخواست**

(مستغیث) ان حقائق کے ثبوت میں میری عدالت سے درخواست ہے کہ ایوی ڈینس کارڈ (الف اور ب) میں دی گئی شہادت کی فہرست کو قبول کر لیا جائے۔

12. **وکیل صفائی کی طرف سے شہادت (دستاویزی شہادت، اشیائے شہادت) کے معائنے کی درخواست پر رائے**

（裁） 弁護人，御意見はいかがですか。

（弁） ・　すべて同意します。

・　甲３号証と甲４号証の目撃者Aの検察官と司法警察員に対する供述調書については不同意です。その余の各証拠は同意します。

・　証拠物については異議ありません。

・　乙３号証の被告人の司法警察員に対する供述調書は，取調べ警察官の脅迫により録取されたものであり，任意性を争います。

・　乙５号証の被告人の司法警察員に対する供述調書は，供述録取に際し，共犯者をかばって供述したものであるので，その調書には信用性がありません。

・　乙９号証の被告人の検察官に対する供述調書は，検討中のため意見を留保します。

13　書証の要旨の告知・証拠物の展示

（裁） それでは，同意のあった各証拠は採用し，取り調べることにします。検察官，書証の要旨を告知し，証拠物を示してください。

検察官が書証の要旨を告げますので，被告人は聞いていてください。

（検） ・　甲１号証は，司法警察員作成の捜査報告書です。被告人の出入国状況を示したもので，「被告人は，平成○○年１０月１４日，Y国から，短期在留資格（９０日）の条件で来日した。在留資格は，平

(جج) وکیل صفائی، آپ کی کیا رائے ہے؟

(وکیل صفائی) - سب شہادتوں کو تسلیم کرتے ہیں۔

- ہم عینی شاہد (گواہ) 'الف' کا بیان جو مستغیث اور پولیس افسر کے سامنے ریکارڈ ہونا ظاہر کیا گیا ہے اور جو مدات الف ۳ اور الف ۴ پر موجود ہے اس کو تسلیم نہیں کرتے، ہم درخواست میں درج بقیہ شہادت کو تسلیم کرتے ہیں۔

- ہمیں اشیائے شہادت کو منظور کیے جانے پر کوئی اعتراض نہیں ہے۔

- ہم مدعا علیہ یا الزام علیہ کے اس بیان کی رضاکارانہ حیثیت پر اعتراض اٹھاتے ہیں جو مدات ب۳ پر درج ہے اور جو پولیس افسر کے سامنے ریکارڈ ہوا ہے، کیوں کہ اس کا اندراج افسر کی دھمکی کے زیر اثر ہوا ہے۔

- ہمیں مدب ۵ کی صحت پر اعتراض ہے۔ جو پولیس افسر کے روبرو مدعا علیہ کا بیان ہے کیوں کہ مدعا علیہ بیان دینے کے وقت اپنے شریک جرم کو بچانے کی کوشش کر رہا تھا۔

- ہم ابھی تک مدب ۹ کی اہمیت کا جائزہ لے رہے ہیں، جو مستغیث کے روبرو مدعا علیہ کا تحریری بیان ہے، ہم فی الحال اس پر اپنی رائے محفوظ رکھتے ہیں۔

13. دستاویزی شہادت کا خلاصہ اور اشیائے شہادت کی نمائش

(جج) میں ان مدات کو جن پر وکیل صفائی نے رضامندی ظاہر کی ہے منظور کرتا ہوں اور ان کی پڑتال کا حکم دیتا ہوں۔ مستغیث صاحب، کیا آپ برائے مہربانی دستاویزی شہادت کا خلاصہ پیش کریں گے اور ان اشیائے شہادت کو نمایاں کریں گے جو تسلیم ہو چکی ہے۔

مدعا علیہ، مستغیث کو دستاویزی شہادت پڑھتے ہوئے غور سے سن لیجیے۔

(مستغیث) - مدالف پولیس افسران کی دائر کردہ رپورٹ تفتیش ہے۔ یہ رپورٹ مدعا علیہ کی حالیہ سکونتی حیثیت پر روشنی ڈالتی ہے۔ حوالہ 'مدعا علیہ ۱۴ اکتوبر ****ء کو وائی ملک سے مختصر قیام (۹۰ دن) کی سکونتی اجازت کے ساتھ جاپان

成○○年１月１２日までとなっているが，在留期間の更新は受けていない。」という内容です。

・　甲２号証は，被告人の婚約者甲野花子の司法警察員に対する供述調書です。内容は被告人の生活状況です。

・　乙１号証は，被告人の司法警察員に対する供述調書です。

被告人の身上，経歴等を述べたものです。

・　乙２号証，乙３号証は，被告人の司法警察員に対する供述調書であり，乙４号証は，被告人の検察官に対する供述調書です。

乙２号証から乙４号証は，いずれも被告人が本件の犯行状況について述べたものですので，乙４号証でまとめて要旨を告げます。

「私は，日本で働いてお金を稼ぐために，平成○○年１０月１４日，Ｙ国から，日本に来ました。日本では，最初に鈴木建設という会社で働き，次に田中土建という会社で働きました。在留期間が平成○○年１月１２日までということは分かっていましたが，お金を稼ぎたいのでそのまま日本にいました。」

・　乙５号証は，被告人の身上関係についての捜査報告書です。

14　証人申請

（裁）　検察官，不同意とされた証拠についてはどうされま

میں داخل ہوا۔ اسے جاپان میں ۱۲ جنوری ****ء تک ٹھہرنے کی اجازت تھی۔ اس وقت تک اس حیثیت کی تجدید نہیں کی گئی'۔ حوالہ ختم۔

-مدنمبر الف ۲ مدعا علیہ کی منگیتر کا ضبط تحریر میں لیا گیا بیان ہے، جس کا نام کونوہاناکو ہے، جو پولیس افسر کے روبرو دیا گیا اور جو مدعا علیہ کی طرز رہائش اور انداز زندگی سے متعلق ہے۔

-مدب ۱ پولیس افسر کے روبرو تحریر شدہ مدعا علیہ کا بیان ہے۔ اس میں مدعا علیہ کے خاندانی پس منظر اور ذاتی واقعات کی تفصیل موجود ہے۔

-مدات ب ۲، ب ۳ اور ب ۴ مدعا علیہ کے تحریری بیانات ہیں، جن کا تعلق موجودہ مقدمے میں اس کی مجرمانہ حرکت سے وابستہ ہے۔ ان بیانات کا خلاصہ پیش کرنے کی غرض سے میں مدب ۴ سے حوالہ دیتا ہوں۔

' میں ۱۴ اکتوبر ****ء کو ملک وائی سے جاپان میں ملازمت کی تلاش اور دولت کمانے کی غرض سے داخل ہوا۔ میں نے پہلے سوزوکی کنسٹریکشن کمپنی میں ملازمت اختیار کی اور پھر تاناکا کنسٹریکشن کمپنی میں کام کیا۔ مجھے علم تھا کہ مجھے جاپان میں صرف ۱۲ جنوری ****ء تک ٹھہرنے کی اجازت تھی، لیکن میں نے روپیہ کمانے کے لیے جاپان میں رہنا منتخب کیا۔'

-مدب ۵ ایک تفتیشی رپورٹ ہے، جس کا تعلق مدعا علیہ کے خاندانی پس منظر سے ہے۔

14. گواہ کے اظہار بیان کی درخواست

(جج) مستغیث، آپ اس شہادت کے بارے میں کیا لائحہ عمل اختیار کرنا چاہتے ہیں، جو تسلیم نہیں کیا گیا۔

すか。

(検) 撤回して，証人Aを申請します。

15 証人申請に対する意見及び証人の採用

(裁) 弁護人，御意見は。

(弁) しかるべく。

(裁) それでは，Aを証人として採用します。

16 証人の尋問手続

(1) 証人の宣誓

(裁) ただいまから，あなたをこの事件の証人として尋問しますから，まずうそをつかないという宣誓をしてください。その宣誓書を朗読してください。

(証) 宣誓　良心に従って真実を述べ，何事も隠さず，偽りを述べないことを誓います。証人A。

(裁) 証人は，今宣誓したように本当のことを証言してください。もし宣誓した上で虚偽の証言をすると，偽証罪で処罰されることがあります。

　証人が証言することによって証人自身又は証人の近親者が刑事訴追を受けたり，有罪の判決を受けるおそれのある事柄については，証言を拒むことができますから，その場合には申し出てください。

(2) 異議申立て及びその裁定

(検) 弁護人のただいまの発問は，誘導尋問ですから，異議を申し立てます。

(弁) 反対尋問においては，誘導尋問も許されるので，検察官の異議の申立ては，理由がないと思料いたし

(مستغیث) جناب والا، میں اس شہادت کو واپس لیتا ہوں اور "الف" کو بطور گواہ پیش کرنے کی اجازت چاہتا ہوں۔

15. گواہ پیش کرنے کی درخواست پر رائے اور تسلیم شدہ گواہ کے بارے میں حکم

(جج) وکیل صفائی، کیا آپ کو کوئی اعتراض ہے؟

(وکیل صفائی) منظور ہے۔

(جج) عدالت "الف" کو بطور گواہ پیش ہونے کی اجازت دیتی ہے۔

16. گواہ کے اظہار بیان کا طریقہ (ضابطہ)

(1) گواہ کا حلف

(جج) تمھیں اس سماعت میں بطور گواہ اظہار بیان کرنا ہے۔ گواہی دینے سے پہلے اس بات کا حلف اٹھاؤ کہ تم دروغ گوئی سے کام نہیں لوگے۔ اس حلف کو بلند آواز سے پڑھو۔

(گواہ) حلف۔ میں اپنے ضمیر کے مطابق حلف اٹھاتا ہوں کہ میں سچ بولوں گا۔ کوئی چیز چھپاؤں گا نہیں اور جھوٹ نہیں بولوں گا۔ گواہ الف

(جج) بطور گواہ تم پر لازم ہے کہ سچ بولو، جیسا کہ تم نے حلف اٹھایا ہے۔ اگر تم جھوٹی گواہی دو گے تو تمھیں دروغ حلف کے جرم میں سزا دی جا سکتی ہے۔

تم کو اس بات کی نصیحت بھی کی جاتی ہے کہ تمھیں سوالوں کے جواب نہ دینے کا حق یا اختیار حاصل ہے اگر جواب دینے سے تم پر یا تمھارے قریبی رشتہ داروں پر الزام لگایا جا سکتا ہے یا سزا دی جا سکتی ہے۔ اگر ایسی صورت حال ہو تو عدالت کو اطلاع دے دو۔

(2) اعتراضات دائر کرنا اور احکامات

(مستغیث) نکتہ اعتراض۔ وکیل صفائی گواہ سے ہدایتی سوال پوچھ رہے ہیں۔

(وکیل صفائی) جناب والا، جرح کے دوران ہدایتی سوال کی اجازت ہوتی ہے۔ میرے خیال میں مستغیث کا اعتراض بے

ます。

（裁） 異議を棄却します。

⑶ 証人尋問の終了

（裁） 証人尋問を終わります。証人は，お疲れさまでした。

17 その他の手続

⑴ 弁論の併合決定

（裁） 本件に被告人に対する平成○○年（わ）第○○号強盗被告事件を併合して審理します。

⑵ 訴因及び罰条等の変更

（検） 起訴状記載の訴因を「被告人は・・・・したものである。」と，罪名及び罰条を「窃盗　刑法２３５条」とそれぞれ変更の請求をします。

（弁） 検察官の請求に異議ありません。

（裁） 訴因及び罰条等の変更を許可します。

⑶ 被害者特定事項の秘匿決定後，被害者の呼称の定めがされた場合

（裁） 今後の審理においては，平成○○年６月２０日付け起訴状記載の公訴事実第１の被害者のことを「被害者Ａ」と，同年７月１０日付け追起訴状記載の被害者のことを「被害者Ｂ」と呼ぶこととします。

⑷ 被害者参加許可決定

（検） 本日，被害者Ａさんから被害者参加の申出がありました。検察官としては，相当であると考えます。

（裁） 弁護人の御意見はいかがですか。

بنیاد ہے۔

(جج) اعتراض مسترد کیا جاتا ہے۔

(3) گواہ کے اظہار بیان کا اختتام

(جج) تمہارا بیان بطور گواہ ہو چکا۔ تمہاری بہت مہربانی۔

17. دیگر ضابطے

(1) زبانی کارروائیوں کے اشتمال کا حکم

(جج) عدالت مدعا علیہ کے خلاف الزام سرقہ بالجبر (****(وا) نمبر۔۔۔) کا اشتمال موجودہ الزام کے ساتھ کرنے کا حکم دیتی ہے۔

(2) مدات جرم کے الزامات، قابل اطلاق قانون یا آرڈیننس کی تبدیلیاں۔

(مستغیث) سرکاری درخواست ہے کہ فرد جرم کی مد کو اس طرح تبدیل کر دیا جائے 'مدعا علیہ ۔۔۔' اور اس کے الزامات کے نام اور قابل اطلاق قانون کو 'سرقہ زیر دفعہ ۲۳۵ ضابطہ تعزیرات' سے علی الترتیب بدل دیا جائے۔

(وکیل صفائی) مستغیث کی درخواست پر مجھے کوئی اعتراض نہیں ہے۔

(جج) ان تبدیلیوں کی اجازت دی جاتی ہے۔

(3) مظلوم کی شناخت راز رکھنے کا فیصلہ کیے جانے کے بعد یہ طے ہونے کی صورت میں کہ مظلوم کو کس نام سے پکارا جائے۔

(جج) اس مقدمہ میں فرد جرم مورخہ ۲۰ جون ****۶ میں درج حقیقت نمبر ا کے مظلوم کو مظلوم "الف"، اور اضافی فرد جرم مورخہ ۱۰ جولائی میں درج مظلوم کو مظلوم 'ب' کا نام دیا جاتا ہے۔

(4) مظلوم کی مقدمہ میں شرکت کی اجازت کا فیصلہ

(مستغیث) آج مظلوم 'الف' کی طرف سے مقدمہ میں شرکت کی درخواست دی گئی ہے۔ مستغیث اس درخواست کو مناسب سمجھتا ہے۔

(جج) وکیل صفائی، اس سلسلے میں تمہاری کیا رائے ہے؟

（弁）　しかるべく。
　　　（裁）　申出人の本件被告事件の手続への参加を許可します。
(5)　被害者等の被害に関する心情その他の被告事件に関する意見陳述
　　　（被害者等からの申出がある場合）
　　　（裁）　被害者の方からの心情その他の意見陳述を行います。では，被害者の方は証言台に進んで，その意見を陳述してください。
　　　（害）　・　私は，被告人に殴られて，半年も入院しました。その間，身体の自由が利かず，仕事もできず，とてもつらい思いをしました。
　　　　　　　・　被告人のことは，絶対に許せません。
(6)　即決裁判手続
　ア　被告事件に対する有罪の陳述
　　　（起訴状朗読及び黙秘権の告知後）
　　　（裁）　検察官が今読んだ事実について何か述べることはありますか。
　　　（被）　間違いありません。
　　　（裁）　事実は間違いないということですが，この事実について，有罪であるとして処罰されても構わないということですか。
　　　（被）　はい。
　イ　弁護人の意見
　　　（裁）　弁護人の御意見は。

(وکیل صفائی) جناب والا۔ میرا کوئی اعتراض نہیں۔

(جج) یہ عدالت مظلوم کی اس مقدمہ میں شرکت کی اجازت دیتی ہے۔

(5) مظلوم کی طرف سے نقصان یا احساسات سے متعلق اپنی رائے کا اظہار

(مظلوم وغیرہ کی طرف سے درخواست دی جانے کی صورت میں)

(جج) اب مظلوم کے احساسات وغیرہ پر مشتمل رائے کا اظہار کیا جاتا ہے۔ (مظلوم کو) اب آگے آ کر اپنی رائے کا اظہار کیجیے۔

(مظلوم)- مجھے مدعا علیہ سے مارا گیا اور آدھے سال تک ہسپتال میں علاج کروانا پڑا۔ اس دوران اپنا جسم آزادی سے نہیں چلا سکا اور کام بھی نہیں کر سکا تھا۔ برا وقت گزارنا پڑا۔

- میں مدعا علیہ کو ہرگز معاف نہیں کروں گا۔

(6) فوری عدالتی کارروائی

(الف)۔ مقدمہ میں گناہی کا دعوی

(فرد جرم سنائے جانے اور خاموش رہنے کے حق کی اطلاع کے بعد)

(جج) جو حقائق اب مستغیث نے پڑھ کر سنائے ہیں، اس کے بارے میں کچھ کہنا چاہو گے؟

(مدعا علیہ) یہ تمام حقائق درست ہیں۔

(جج) تم نے کہا کہ تمام حقائق درست ہیں، اس سے مراد تم اس کیس میں گناہی کی سزا قبول کرو گے؟

(مدعا علیہ) جی ہاں۔

(ب)۔ وکیل صفائی کی رائے

(جج) وکیل صفائی، تمھاری کیا رائے ہے؟

（弁） 被告人の陳述と同様です。

ウ 即決裁判手続によって審判する旨の決定

（裁） 本件については，検察官から即決裁判手続の申立てがされています。被告人，弁護人は即決裁判手続によることについて同意しており，被告人は有罪である旨の陳述をしていますので，本件を即決裁判手続によって審判することとします。

エ 証拠調べ請求等

（裁） では，証拠調べに入ります。検察官，証拠調べ請求をお願いします。

（検） 本件公訴事実を立証するため，証拠等関係カード（甲）（乙）記載の各証拠の取調べを請求します。

（裁） 弁護人，いかがですか。

（弁） いずれも，証拠とすることに異議はありません。

18 論告

（裁） 検察官，御意見を伺います。

検察官がこの事件に対する意見を述べますので，被告人は聞いていてください。

（検） それでは論告いたします。

・ まず，事実についてですが，本件公訴事実は，当公判廷で取り調べられた関係各証拠によって証明十分と思料します。

・ 情状について申し上げます。本件は，被告人が，金を稼ぐ目的で，当初から不法に残留することを予定して入国し，２年余りにわたって不法に残留

(وکیل صفائی) میں مدعا علیہ کی رائے سے متفق ہوں۔

(ج) ۔ فوری عدالتی کارروائی کے ذریعے مقدمہ چلانے کا فیصلہ

(جج) مستغیث کی طرف سے فوری عدالتی کارروائی کے ذریعے مقدمہ چلانے کی درخواست دی جاتی ہے۔ مدعا علیہ اور اس کے وکیل صفائی کو بھی منظور ہے، اور مدعا علیہ اپنی گناہی کو قبول کرتا ہے۔ اس لیے یہ مقدمہ فوری عدالتی کارروائی کے مطابق چلایا جائے گا۔

(د)۔ شہادت کے معائنہ کی درخواست وغیرہ

(جج) شہادت کے معائنہ کا آغاز ہوتا ہے۔ مستغیث، شہادت کے معائنہ کی درخواست دے دو۔

(مستغیث) حقائق کو ثابت کرنے کے لیے ایوی ڈینس کارڈ (الف اور ب) میں درج شہادتوں کے معائنہ کی درخواست دیتا ہوں۔

(جج) وکیل صفائی، آپ کو کوئی اعتراض ہے ؟

(وکیل صفائی) جناب والا۔ سب شہادت مجھے منظور ہیں۔

18. اختتامی دلائل

(جج) مستغیث، برائے مہربانی اپنے اختتامی دلائل پیش کیجیے۔

مدعا علیہ، مستغیث کے اختتامی دلائل کو سنو۔

(مستغیث) ۔ ہم اختتامی دلائل پیش کرنا چاہیں گے۔

- ابتدا میں ہی یہ بتا دینا ضروری ہے۔ ہم وثوق سے کہہ سکتے ہیں کہ الزام ترتیب دینے والے حقائق کو ہم نے اس شہادت کے ذریعے جو اس عدالت کے روبرو پیش کی گئی ہے اطمینان بخش طریقہ سے ثابت کر دیا ہے۔

-جہاں تک ان حالات کا تعلق ہے جو اس کیس سے متعلق ہیں، مدعا علیہ جاپان میں دولت کمانے کی غرض سے داخل ہوا، شروع سے ہی منظور شدہ رہائش کی مدت سے زائد عرصہ قیام کے منصوبہ پر کاربند تھا اور اس ملک میں دو سال سے زائد عرصہ غیر قانونی طور پر مقیم رہا۔ غیر قانونی عرصہ قیام کی مدت کے پیش نظر مدعا علیہ

した事案であり，その残留期間の長さなどを考えると，被告人の刑事責任は重大であります。

・　求刑ですが，以上諸般の事情を考慮し，相当法条適用の上，被告人を，懲役１年６月に処するのを相当と思料します。

19　被害者参加人の弁論としての意見陳述

（事前に被害者参加人からの申出がされ，これが許可されている場合）

（裁）　では，弁論としての意見陳述をお願いします。

（参）　この事件の被害者参加人として，私の意見を述べます。

・　被告人は，何の関係もない私に対し，いきなり言い掛かりをつけ，その後，急に殴りかかってきました。

・　このため，私は１か月もの入院を余儀なくされるほどの重傷を負いました。入院中は身体の自由が利かず，本当につらい思いをしました。

・　被告人は，私にも落ち度があるなどといって謝罪すら行わず，また，慰謝料はおろか，入院費用さえも支払っていません。

・　このような被告人のことは，どうしても許せません。私は，被告人を懲役４年の刑にしてほしいと思います。

20　弁護人の弁論

（裁）　弁護人の御意見を伺います。

کی مجرمانہ ذمہ داری یقیناً بہت سنگین ہے۔

-مندرجہ بالا حالات کے پیش نظر، قابل اطلاق قوانین کے تحت ہم اس مقدمہ میں ڈیڑھ سال قید با مشقت سزا تجویز کرتے ہیں۔

19. مقدمہ میں شریک مظلوم کا اظہار رائے

(مظلوم کی طرف سے مقدمہ میں شرکت کی درخواست عدالت میں منظور کی جانے کی صورت میں)

(جج) اپنی رائے کا اظہار کیجیے۔

(شریک مظلوم) -اس کیس کے شریک مظلوم کی حیثیت سے اپنی رائے کا اظہار کرتا ہوں۔

-مدعا علیہ بلا وجہ مجھ سے اچانک جھگڑنے لگا اور اچانک مجھے مارنے لگا۔

-اس حملہ کی وجہ سے مجھے بہت زخم لگ گئی اور ایک مہینے تک ہسپتال میں داخل ہو کر علاج کروانا پڑا۔ ہسپتال میں ہوتے ہوئے میری آزادی چھین لی گئی اور مجھے بہت ہی تکلیف آئی۔

-مدعا علیہ کا کہنا ہے کہ میری بھی غلطی تھی۔ اور اس نے کبھی معافی نہیں مانگی۔ اور صرف تسلی کے پیسے نہیں، بلکہ اخراجات علاج تک نہیں ادا کیے۔

-میں ایسے مدعا علیہ کو ہرگز معاف نہیں کروں گا۔ میری درخواست ہے کہ اسے چار سال قید با مشقت کی سزا دی جائے۔

20. وکیل صفائی کے اختتامی دلائل

(جج) وکیل صفائی، براہ کرم اپنے اختتامی دلائل پیش کیجیے۔

（弁）　では，被告人のため，弁論いたします。

(1)　出入国管理及び難民認定法違反（自白事件）の例

・　本件公訴事実に関しては，被告人は当公判廷においてもこれを素直に認めており，弁護人としてもこれに対し特段異議をとどめるべき点はございません。

・　被告人も当公判廷で供述したとおり，本件は弁解の余地のない違法行為であり，被告人自身，長期にわたる不法残留については十分反省し，国外に退去した後は2度と日本には来ないと供述しており，今後2度とこのような違法行為を繰り返さないことを誓っているものです。

・　被告人の残留目的は，就労であり，それ以外の不法な目的を有していたものではありません。

・　現に，来日してから逮捕されるまでの間は，まじめに稼働しており，本件以外の犯罪を犯したこともなく，前科前歴はありません。

・　被告人は今回，逮捕，勾留，起訴という厳しい処分を受け，既に相当の期間の身柄拘束処分を受けており，十分な社会的，経済的制裁を受けています。

・　以上の事情を併せ考慮されて，被告人に是非とも自力更生，再起の機会を与えていただきたく，執行猶予の寛大な判決を下されるよう，切にお願いする次第です。

(2)　窃盗（否認事件）の例

・　被告人は，指輪を買うつもりだったのであり，窃盗

(وکیل صفائی) میں مدعا علیہ کی جانب سے اختتامی دلائل پیش کرنا چاہوں گا۔

(1) ایسے مقدمہ کی مثال جس میں مدعا علیہ غیر ملکیوں کو کنٹرول کرنے اور پناہ گزین کو تسلیم کرنے کا قانون کی خلاف ورزی کا قصور تسلیم کر لیتا ہے۔

- جیسا کہ مدعا علیہ نے دیانت داری سے اس عدالت کے سامنے اس مقدمہ میں عائد الزام کو تسلیم کر لیا ہے۔ میرے پاس اس کے وکیل صفائی کی حیثیت سے رد حقائق کے لیے کوئی خاص نکتہ موجود نہیں۔

- جیسا کہ مدعا علیہ نے اس عدالت کے روبرو بیان کیا کہ اس نے قانون تارکین وطن کی صریحاً خلاف ورزی کی ہے لیکن اب اس ملک میں اپنی غیر قانونی رہائش (سکونت) پر پشیمان ہے۔ مدعا علیہ نے بیان کیا ہے کہ ایک دفعہ اخراج کے بعد وہ جاپان کبھی واپس نہیں آئے گا / آئے گی۔ اور وعدہ کیا ہے کہ آئندہ اس قانون کی جاپان میں کبھی خلاف ورزی نہیں کرے گا / کرے گی۔

- مدعا علیہ کی نیت یا مقصد جاپان میں ملازمت تلاش کرنا تھا۔ اس کی کوئی دیگر غیر قانونی نیت نہ تھی۔

- جاپان میں داخل ہونے کے دن سے لے کر حراست میں لیے جانے تک مدعا علیہ نے سخت مشقت کی ہے اور موجودہ مقدمہ کے علاوہ کسی قانون کی خلاف ورزی نہیں کی۔ مدعا علیہ کا کوئی جرم نامہ یا قید کا ریکارڈ نہیں۔

- موجودہ مقدمہ میں مدعا علیہ کو حراست، قید اور فوجداری مقدمہ جیسی سنگین کارروائیاں بھگتنی پڑی ہیں۔ وہ پہلے ہی کافی عرصہ تک زیر حراست رہا ہے / رہی ہے اور اس طرح سے مکمل طور پر سماجی اور معاشی تعزیز کا شکار ہوا ہے۔

- ایسے حالات کی روشنی میں ہم خلوص دل سے عدالت سے التماس کرتے ہیں کہ مدعا علیہ کو معاشرے میں اپنی بحالی اور اپنی زندگی کا نئے سرے سے آغاز کرنے کا موقع فراہم کرنے کی غرض سے التوائے اجرائے سزا کی سہولت فراہم کر دی جائے۔

(2) ایسے مقدمہ سرقہ کی مثال جس میں مدعا علیہ اپنے قصور وار ہونے کی کا انکار کرتا ہے۔

- مدعا علیہ زیر مقدمہ انگوٹھی خریدنا چاہتا تھا، اسے چوری کرنے کی کوئی نیت نہیں رکھتا تھا، لہذا جرم سرقہ کا قصور وار نہیں۔

の故意はなく，無罪です。このことは証拠によって認められる次の事実から明らかであります。

（中略）

・　以上のことから，被告人には窃盗の故意がなく，無罪であります。

21　被告人の最終陳述

（裁）これで審理を終わりますが，最後に何か言っておきたいことはありますか。

（被）・　申し訳ないことをしたと思います。

・　私は盗むつもりはありませんでした。早く自分の国へ帰らせてください。

22　公判期日の告知

(1)　次回公判期日の告知

（裁）次回公判期日は，平成〇〇年１１月８日午前１０時３０分と指定します。

(2)　判決言渡期日の告知

（裁）それでは，判決は平成〇〇年１２月６日午後１時にこの法廷で言い渡します。

23　判決宣告

（裁）被告人に対する〇〇被告事件の判決を言い渡します。

（判決主文の例については，第３章及び第４章参照）

理由・　当裁判所が証拠により認定した罪となるべき事実（犯罪事実）の要旨は次のとおりである。

・　そこで，所定の法条（法律）を適用して，

مندرجہ ذیل شواہد کی موجودگی میں یہ امر روز روشن کی طرح عیاں ہے۔

(بیچ کا حصہ چھوڑ دیا جاتا ہے)

- ان حقائق کی موجودگی میں جرم سرقہ سرزد کرنے کی مدعا علیہ کی کوئی نیت نہیں تھی لہذا وہ قصوروار نہیں ہے۔

21. مدعا علیہ کا آخری بیان

(جج) سماعت اختتام پذیر ہو رہی ہے۔ کیا تم اس مقدمہ کے بارے میں کچھ کہنا چاہو گے؟

(مدعا علیہ) - میں نے جو کچھ کیا مجھے اس کا بے حد افسوس ہے۔

- میری کسی بھی چیز کو چوری کرنے کی نیت نہ تھی۔ براہ کرم مجھے فوراً اپنے وطن واپسی کی اجازت دے دی جائے۔

22. زیر تجویز کی تاریخ کی اطلاع

(1) آئندہ پیشی کی تاریخ کی اطلاع

(جج) عدالت ۸ نومبر ****ء بوقت ساڑھے ۱۰ بجے دن آئندہ سماعت کی تاریخ مقرر کرتی ہے۔

(2) اطلاع تاریخ فیصلہ

(جج) فیصلہ ٦ دسمبر ****ء کو بوقت ایک بجے دوپہر اسی کمرہ عدالت میں دیا جائے گا۔

23. فیصلے کا بیان

(جج) اب مقدمہ فوجداری بر خلاف مدعا علیہ میں *** الزام کے بارے میں فیصلہ دیا جاتا ہے۔ (مثال کے لیے بنیادی متن کے سیکشن ۳ اور ۴ ملاحظہ کیجیے)

فیصلے کے دلائل: - فوجداری حقائق کے خاکہ اور شہادت کی موجودگی میں ارتکاب جرم سے متعلق حقائق کے بارے میں عدالت مندرجہ ذیل نتیجہ پر پہنچتی ہے۔

-لہذا متعلقہ قوانین کی روشنی میں عدالت جس نتیجہ پر پہنچی ہے اس کے متن کا اعلان کر دیا گیا ہے۔

主文のとおり判決する。

・　刑を定めるに当たって考慮した事情は以下のとおりである。

（判決理由の例については，第５章及び第６章参照）

24　執行猶予の説明

⑴　身柄拘束中の被告人の執行猶予

（裁）　刑事裁判の手続としては，釈放されます。今後〇年間のうちに日本で罪を犯さなければ，刑務所に入らなくてもよくなります。しかし，この〇年間のうちに日本で罪を犯してまた刑に処せられることがあると，この執行猶予は取り消されます。そうなると，今回の懲役〇年の刑を実際に受けなければならなくなります。もちろん，その場合には新たに犯した罪の刑も受けます。そういうことのないように，十分注意してください。

⑵　既に不法残留になっている被告人の執行猶予

（裁）　なお，被告人の場合は既に在留期間が経過していますから，この判決の後間もなく，入国管理局において被告人を本国に送還する手続がなされると思います。したがって，結局，送還後〇年間日本に来て犯罪を犯さなければ，今回の刑を受けることはないということになります。

25　未決勾留日数の説明

（裁）　被告人はこれまで相当期間勾留されていますから，

۔سزا کی نوعیت اور مدت کے تعین کے لیے جن عوامل کو مد نظر رکھا گیا ہے وہ مندرجہ ذیل ہیں۔
(مثال کے لیے دیکھیے سیکشن ۵ اور ۶)

24. التوائے اجرائے سزا کی وضاحت

(1) زیر حراست ملزم کی اجرائے سزا میں التوا

(جج) ضابطہ فوجداری کے مطابق تمھیں رہا کر دیا جائے گا۔ تمھیں اس وقت تک قید میں نہیں ڈالا جائے گا جب تک آئندہ ** سالوں تک تم جاپان کے قوانین کی خلاف ورزی کے مرتکب نہ ہو۔ لیکن ان ** سالوں کے عرصہ کے دوران میں اگر تم نے کسی بھی جرم کا ارتکاب کیا اور اس کے نتیجے کے طور پر سزا کے مستوجب قرار دیے گئے تو اجرائے سزا کا التوا منسوخ کر دیا جائے گا اور تمھیں ** سالوں کی قید با مشقت کی سزا دی جائے گی۔ جیسا کہ یہ عدالت حکم دے اور اضافی طور پر تمھیں وہ سزا بھی بھگتنا پڑے گی جو ممکنہ نئے جرم کے بارے میں تمھارے خلاف سنائی جائے۔ خیال رکھو کہ کبھی ایسا نہ ہو۔

(2) ایسے ملزم کے بارے میں التوائے اجرائے سزا جو غیر قانونی طور پر جاپان میں رہائش پذیر ہے۔

(جج) تمھاری سکونت کی قانونی مدت پہلے ہی ختم ہو چکی ہے۔ ممکن ہے اس فیصلہ کے بعد امیگریشن بیورو تمھارے اخراج (ملک بدری) کے لیے اقدامات اٹھائے۔ لہٰذا فی الحقیقت موجودہ جرم کے سلسلے میں تمھاری ملک بدری کے بعد ** سالوں کے لیے تمھیں قید میں نہیں ڈالا جائے گا بشرطیکہ اس دوران میں جاپان میں واپس آنے کے بعد تم کسی جرم کے مرتکب نہ ہو۔

25. سزا کی مدت میں ان ایام کا اضافہ جن میں مدعا علیہ زیر تجویز مقدمہ میں زیر حراست رہا ہو۔

(جج) تم کافی عرصہ تک زیر حراست رہے ہو۔ اس عرصہ کے دوران ** ایام کو اجرائے سزا تصور کیے جانے کا حکم دیا جاتا

そのうちの〇日間は既に刑の執行を受け終わったものとします。したがって，言い渡した〇年〇か月の刑から実際には〇日間が差し引かれることになります。

26　保護観察の説明

（裁）　保護観察というのは，国の機関である保護観察所の保護観察官の指導監督によって，被告人が再び間違いを起こすことのないように手助けする制度です。普通は毎月１回以上保護観察所に所属する保護観察官のもとにいる保護司という人と会って，被告人の日ごろの生活について指導を受けることになります。

　この判決の確定後，速やかに，保護観察所に出頭して保護観察所の説明を受けてください。保護観察所では，守らなければならない事項について指示されますが，もし，この遵守事項を守らない場合には，この刑の執行猶予を取り消されることがあります。また，再び犯罪を犯して禁錮以上の刑に処せられた場合には法律上執行猶予を付けることができないので，そのようなことのないよう十分注意してください。

27　上訴権の告知

（裁）　この判決に不服がある場合には，控訴〈上告〉の申立てをすることができます。その場合には，明日から１４日以内に〇〇高等裁判所〈最高裁判所〉あての控訴〈上告〉申立書をこの裁判所に差し出してください。

第３章　第一審における判決主文の例

1　有罪の場合

ہے۔ لہذا ** سالوں ** دنوں کی سنائی گئی سزا میں سے ** دن منہا کر دیے جائیں گے۔

26. نگہداشتی حراست کی وضاحت

(جج) نگہداشت ایک ملزم کو معاشرے میں بحال ہونے کے لیے ایسے اقدامات کا عمل ہے جو حکومت کے نگہداشتی حکم سے نگہداشتی افسران ملزم کی مدد کے طور پر سرانجام دیتے ہیں۔ مجرم کو عام طور پر اس بات کا پابند کیا جاتا ہے کہ وہ ایک رضاکار نگہداشت افسر کو جو حکومتی نگہدار افسر کی نگرانی میں کام کرتا ہے، روزمرہ کی زندگی کے بارے میں ایک مہینے میں کئی بار رابطہ رکھے گا۔

جیسے ہی یہ فیصلہ حتمی ہو جائے، تمھیں ہدایت کی جاتی ہے کہ فوراً حکومتی نگہداشت افسر سے ہدایات کی وصولی کے لیے رابطہ استوار کرو۔ اگر تم ہدایات کی پیروی میں ناکام رہے تو التوائے اجرائے سزا کی منسوخی ہو سکتی ہے۔ مزید برآں اگر تم کسی اور جرم کے مرتکب ہوئے اور بلا مشقت یا کسی شدید سزا کے سزاوار ٹھہرے تو قانون کے مطابق التوائے سزا ممکن نہ ہو سکے گی۔ لہذا میں تمھیں بہتر چال چلن کی تلقین کرتا ہوں۔

27. حق اپیل کی اطلاع

(جج) اگر تم موجودہ فیصلہ سے مطمئن نہیں ہو تو تمھیں کوسو (جوکوکو) اپیل کا حق حاصل ہے۔ اگر تم اپیل کا حق استعمال کرنا چاہو تو تمھیں ہدایت کی جاتی ہے کہ ** ہائی کورٹ (سپریم کورٹ) کے پتہ پر درخواست برائے اپیل ارسال کرنے کے لیے ۱۴ دن کے اندر اس عدالت میں جمع کروا دو۔

III. ابتدائی عدالت میں فیصلہ جات کی مثالیں

1. فیصلہ بر ثبوت جرم جس میں مجرم گنہگار ثابت ہو جائے

(1) 主刑

　ア　基本型

　　・　被告人を懲役〈禁錮〉1年に処する。

　　・　被告人を罰金20万円に処する。

　　・　被告人を拘留10日に処する。

　イ　少年に不定期刑を言い渡す場合

　　被告人を懲役1年以上2年以下に処する。

　ウ　併科の場合

　　被告人を懲役1年及び罰金20万円に処する。

　エ　主文が2つになる場合

　　被告人を判示第1の罪について懲役1年に，判示第2の罪について懲役2年に処する。

(2) 未決勾留日数の算入

　ア　基本型

　　未決勾留日数中30日をその刑に算入する。

　イ　本刑が数個ある場合

　　未決勾留日数中30日を判示第1の罪の刑に算入する。

　ウ　本刑が罰金・科料の場合

　　未決勾留日数中30日を，その1日を金5000円に換算して，その刑に算入する。

　エ　刑期・金額の全部に算入する場合

　　・　未決勾留日数中，その刑期に満つるまでの分をその刑に算入する。

　　・　未決勾留日数中，その1日を金5000円に換算してその罰金額に満つるまでの分を，その刑に算入

(1) بنیادی (بڑی) سزا

(الف) بنیادی اصول

-مدعا علیہ کو ایک سال قید با مشقت (یا بلا مشقت) کی سزا دی جاتی ہے۔

-مدعا علیہ کو ۲ لاکھ ین کے جرمانہ کی سزا دی جاتی ہے۔

-مدعا علیہ کو ۱۰ دن کی تعزیری قید کی سزا دی جاتی ہے۔

(ب) کم سن مجرم کے لیے غیر متعینہ سزا دی جائے

مدعا علیہ کو کم از کم ایک سال قید با مشقت کی سزا دی جاتی ہے جو زائد از دو سال نہ ہو۔

(ج) قید اور جرمانہ کی سزا

مدعا علیہ کو ایک سال قید با مشقت اور ۲ لاکھ ین کے جرمانہ کی سزائیں دی جاتی ہیں۔

(د) علیحدہ علیحدہ سزائیں

مدعا علیہ کو پہلے جرم کے لیے ایک سال قید با مشقت کی سزا دی جاتی ہے اور دو سال قید با مشقت کی سزا دوسرے جرم کے لیے دی جاتی ہے۔

(2) سزا میں ان ایام کا شمار جن میں ملزم مقدمہ زیر تجویز کے دوران زیر حراست رہا ہو۔

(الف) بنیادی اصول

مقدمہ زیر تجویز کے دوران ایام حراست کے ۳۰ دن اعلان شدہ سزا میں منہا کیے جائیں گے۔

(ب) علیحدہ علیحدہ سزائیں

مقدمہ زیر تجویز کے دوران حراستی ایام میں سے پہلے جرم کے لیے مجوزہ سزا میں سے ۳۰ دن منہا کیے جائیں گے۔

(ج) ایسا مقدمہ جس میں سزا جرمانہ یا خفیف جرمانہ ہو

مقدمہ زیر تجویز کے دوران حراستی ایام کے ۳۰ ایام کے ہر یوم کو بمقدار ۵۰۰۰ ین تصور کیا جائے گا اور اس مقدار کو کل جرمانہ سے منہا کیا جائے گا۔

(د) مقدمہ زیر تجویز کے دوران میں حراستی ایام کو سزا کے ایام میں شمار کرنا یا ان ایام کے ایک حصہ کو جرمانہ کی رقم کے مساوی قرار دینا۔

- مقدمہ زیر تجویز کے دوران حراستی ایام کو اس طرح مجوزہ سزا کے مقابل یا متوازی کیا جائے گا کہ سالم سزا مکمل ہو گئی ہے۔

- مقدمہ زیر تجویز کے دوران میں حراستی ایام کی مقدار اس طرح متعین کی جائے گی کہ ہر یوم بمقدار ۵۰۰۰ ین متعین ہو گا

する。
(3) 労役場留置

　ア　基本型

　　その罰金を完納することができないときは，金5000円を1日に換算した期間被告人を労役場に留置する。

　イ　端数の出る場合

　　その罰金を完納することができないときは，金6000円を1日に換算した期間（端数は1日に換算する。）被告人を労役場に留置する。

(4) 刑の執行猶予

　　この裁判が確定した日から3年間その刑の執行を猶予する。

(5) 保護観察

　　被告人をその猶予の期間中保護観察に付する。

(6) 補導処分

　　被告人を補導処分に付する。

(7) 没収

　ア　基本型

　　押収してある短刀1本（平成○○年押第○○号の1）を没収する。

　イ　偽造・変造部分の没収

　　押収してある約束手形1通（平成○○年押第○○号の1）の偽造部分を没収する。

　ウ　裁判所が押収していない物の没収

　　○○地方検察庁で保管中の約束手形1通（平成○○年

اور یہ مقدار کل سزائے جرمانہ سے بطور تقابل منہا ہو جائے گی۔

(3) جرمانہ کی عدم ادائیگی کے نتیجہ میں جائے اجرت پر حراست

(الف) بنیادی اصول

اگر مجرم مکمل جرمانہ ادا کرنے کا رکی اہل نہ ہو تو اسے جائے اجرت پر مساوی ایام کے لیے زیر حراست رکھا جائے گا اور ہر یوم بمقدار ۵۰۰۰ ین شمار ہو گا۔

(ب) اعشاریہ

اگر مجرم مکمل جرمانہ ادا کرنے کا اہل نہ ہو تو اسے مساوی ایام کے لیے جائے اجرت پر زیر حراست رکھا جائے گا اور ہر ۶۰۰۰ ین کو ایک یوم شمار کر کے جرمانہ کی رقم سے منہا کیا جائے گا۔ بشرطیکہ ہر جزوی دن ایک مکمل دن شمار ہو گا۔

(4) التوائے اجرائے سزا

موجودہ سزا کے حتمی ہونے کے دن سے تین سال تک اجرائے سزا ملتوی رہے گی۔

(5) زیر آزمائش نگہداشت

مدعا علیہ کو التوائے اجرائے سزا کے دوران آزمائشی نگہداشت میں رکھا جائے گا۔

(6) درستی کی خاطر رہنمائی

مدعا علیہ کو درستی کی خاطر رہنمائی میں رکھے جانے کی سزا دی جاتی ہے۔

(7) قرقی / ضبطی

(الف) بنیادی اصول

قرق شدہ ایک عدد چاقو (****ء نمبر ** کا ۱) ضبط کیا جائے گا۔

(ب) مجہول یا تبدیل شدہ حصوں کی ضبطی

قرق شدہ ایک عدد پرومسوری نوٹ (****ء نمبر ** کا ۱) کے جعلی حصے کو ضبط کیا جائے گا۔

(ج) ایسی شے کی ضبطی جو عدالت کی قرق شدہ نہ ہو

ایک عدد پرومسوری نوٹ (****ء نمبر ** کا ۱) ضبط کیا جاتا ہے جو ** ڈسٹرکٹ پبلک پراسیکیوٹر کی تحویل میں ہے۔

○地領第○○号の１）を没収する。

エ　犯罪被害財産の没収

○○地方検察庁で保管中の現金８００万円（平成○○年○地領第○○号の１，当該現金は犯罪被害財産）を没収する。

⑻　追徴

ア　基本型

被告人から金１０万円を追徴する。

イ　犯罪被害財産の価額の追徴

被告人から金３００万円（当該金３００万円は犯罪被害財産の価額）を追徴する。

⑼　被害者還付

ア　基本型

押収してある本１冊（平成○○年押第○○号の１）を被害者Ａに還付する。

イ　被害者不明の場合

押収してある本１冊（平成○○年押第○○号の１）を被害者（氏名不詳）に還付する。

ウ　被害者が死亡した場合

押収してある本１冊（平成○○年押第○○号の１）を被害者Ａの相続人に還付する。

⑽　仮納付

被告人に対し，仮にその罰金に相当する金額を納付すべきことを命ずる。

⑾　訴訟費用の負担

(د) جرم سے پیدا ہوئی ملکیت کی ضبطی

نقد ۸۰ لاکھ ین (*****ء نمبر** کا ا، جو جرم سے پیدا ہوئی ملکیت) جو*****علاقائی دفتر مستغیث میں قرق شدہ ہے، کو ضبط کیا جائے گا۔

(8) مساوی معاوضہ کی وصولی

(الف) بنیادی اصول

ضبط ہونے والی شے کی عدم موجودگی میں مدعا علیہ ایک لاکھ ین مساوی قدر کے طور پر ادا کرے گا۔

(ب) جرم سے پیدا ہوئی قرق شدہ ملکیت کی رقم جمع کرنا

مدعا علیہ کو ۳۰ لاکھ ین ادا کرنا ہو گا جو اس جرم سے پیدا ہوئی قرق شدہ ملکیت کی رقم کے برابر ہے۔

(9) ضبط شدہ شے کی مظلوم کو بحالی

(الف) بنیادی اصول

ضبط شدہ ایک عدد کتاب (*****ء نمبر** کا ا) مظلوم الف کو واپس ہوگی۔

(ب) جہاں مظلوم نا معلوم ہو

ضبط شدہ ایک عدد کتاب (*****ء نمبر** کا ا) مظلوم کو جس کا نام فی الحال نا معلوم ہو واپس کی جائے گی۔

(ج) فوت شدہ مظلوم

ضبط شدہ ایک عدد کتاب (*****ء نمبر** کا ا) مظلوم الف کے وارثان کو واپس کی جائے گی۔

(10) مشروط ادائیگی

مدعا علیہ کو حکم دیا جاتا ہے کہ جرمانہ کی مساوی رقم مشروط طور پر ادا کرے۔

(11) اخراجات مقدمہ

・　訴訟費用は被告人の負担とする。

・　訴訟費用は被告人両名の連帯負担とする。

・　訴訟費用は，その２分の１ずつを各被告人の負担とする。

・　訴訟費用のうち，証人Ａに支給した分は被告人の負担とする。

・　訴訟費用中通訳人○○○○に支給した分を除き，その余の分は被告人の負担とする。

⑿　刑の執行の減軽又は免除

・　その刑の執行を懲役１年に減軽する。

・　被告人を懲役１年に処し，その刑の執行を免除する。

⒀　刑の免除

被告人に対し刑を免除する。

2　無罪・一部無罪の場合

⑴　無罪

被告人は無罪。

⑵　一部無罪

本件公訴事実中詐欺の点については，被告人は無罪。

3　その他の場合

⑴　免訴

被告人を免訴する。

⑵　公訴棄却

本件公訴を棄却する。

⑶　管轄違い

本件は管轄違い。

- اخراجات مقدمہ مدعا علیہ ادا کرے گا۔
- مدعا علیہما مشترکہ اور ذاتی طور پر اخراجات مقدمہ کے ذمہ دار ہوں گے۔
- اخراجات مقدمہ مدعا علیہما مساوی ادا کریں گے۔
- گواہ الف کو ادا شدہ رقم مدعا علیہ برداشت کرے گا۔
- مدعا علیہ کو تمام اخراجات مقدمہ ماسوائے خرچہ ترجمان ***، ادا کرنے کا حکم دیا جاتا ہے۔

(12) تخفیف یا تنسیخ اجرائے سزا
- متعلقہ اجرائے سزا کی مدت میں تخفیف کی جاتی ہے اور یہ سزا اب ایک سال قید با مشقت ہوگی۔
- مدعا علیہ کو ایک سال قید با مشقت کی سزا دی جاتی ہے اور اس سزا کا اجرا معاف کیا جاتا ہے۔

(13) سزا سنانے کے بعد اس سزا سے استثنیٰ
مدعا علیہ کی سزا مستثنیٰ ہو جاتی ہے۔

2. بے گناہی یا الزام کے ایک حصہ سے بے گناہی، جزوی بے گناہی کے بارے میں فیصلہ

(1) بے گناہی
مدعا علیہ کو بے گناہ قرار دیا جاتا ہے۔

(2) جزوی طور پر بے گناہ
مدعا علیہ کو دھوکہ دہی کے الزام میں بے گناہ قرار دیا جاتا ہے۔

3. دیگر فیصلہ جات

(1) خارجی وجوہات کی بنا پر اخراج (فارغ)
خارجی وجوہات کی بنا پر مدعا علیہ کو فارغ کیا جاتا ہے۔

(2) فرد جرم کا اخراج
فرد جرم خارج کی جاتی ہے۔

(3) اختیار کا فقدان
اس عدالت کو اس مقدمہ کی سماعت کا اختیار نہیں ہے۔

第４章　控訴審における判決主文の例

1　控訴棄却・破棄

(1)　控訴棄却

・　本件控訴を棄却する。

・　本件各控訴を棄却する。

・　本件控訴中被告人○○に関する部分を棄却する。

(2)　破棄自判

・　原判決を破棄する。被告人を懲役○年○月に処する。

・　原判決中有罪部分を破棄する。被告人は無罪。

・　被告人らに対する各原判決を破棄する。被告人Ａを懲役１年に，被告人Ｂを懲役６月にそれぞれ処する。

・　原判決中被告人○○に関する部分を破棄する。被告人○○を懲役３年に処する。

(3)　破棄差戻し

原判決を破棄する。本件を○○地方裁判所に差し戻す。

(4)　破棄移送

原判決を破棄する。本件を○○地方裁判所に移送する。

2　未決勾留日数の算入

・　当審における未決勾留日数中○○日を原判決の刑に算入する。

・　原審における未決勾留日数中○○日をその刑に算入する。

3　訴訟費用の負担

・　当審における訴訟費用中通訳人○○○○に支給した分を除き，その余の分は被告人の負担とする。

IV. کوسوا پیل کی عدالت کے فیصلہ جات کی مثالیں
1. کوسوا پیل کا اخراج، تنسیخ اور واپسی

(1) اخراج اپیل
- کوسوا پیل خارج کی جاتی ہے۔
- اس مقدمہ کی کوسوا پیلیں خارج کی جاتی ہیں۔
- مدعا علیہ *** کے خلاف الزام کی کوسوا پیل خارج کی جاتی ہے۔

(2) تنسیخ کے بعد مقدمہ کا فیصلہ
- ابتدائی فیصلہ کالعدم قرار دیا جاتا ہے۔ مدعا علیہ کو ** سال اور ** ماہ کی قید با مشقت کی سزا دی جاتی ہے۔
- ابتدائی فیصلہ میں قصور وار کی حد تک کا حصہ کالعدم قرار دیا جاتا ہے۔ مدعا علیہ کو بے گناہ قرار دیا جاتا ہے۔
- مدعا علیہا کے خلاف ہر ایک فیصلہ کالعدم قرار دیا جاتا ہے۔ مدعا علیہ الف کو ایک سال قید با مشقت کی سزا دی جاتی ہے۔ مدعا علیہ ب کو ۶ ماہ قید با مشقت کی سزا دی جاتی ہے۔
- مدعا علیہ ** کے خلاف ابتدائی فیصلہ کالعدم قرار دیا جاتا ہے۔ مدعا علیہ ** کو ۳ سال قید با مشقت کی سزا دی جاتی ہے۔

(3) منسوخی فیصلہ اور واپسی مقدمہ
- ابتدائی فیصلہ منسوخ کیا جاتا ہے۔ مقدمہ *** ڈسٹرکٹ کورٹ کو واپس کیا جاتا ہے۔

(4) منسوخی فیصلہ اور تبدیلی عدالت
- ابتدائی فیصلہ منسوخ کیا جاتا ہے۔ مقدمہ *** ڈسٹرکٹ کورٹ میں تبدیل کیے جانے کا حکم دیا جاتا ہے۔

2. مدت سزا میں زیر تجویز مقدمہ کے ایام حراست کو شامل کرنا
- *** ایام کی مدت جس کے دوران اپیل کی سماعت کے عرصہ میں مدعا علیہ زیر حراست رہا، ابتدائی فیصلہ میں دی گئی سزا کی مدت سے منہا کی جائے گی۔
- ماتحت عدالت کی سماعت کے دوران کل زیر حراست ایام میں سے *** ایام سزا کی مدت میں سے منہا کیے جائیں گے۔

3. ادائیگی اخراجات مقدمہ
- اس عدالت میں مقدمہ کا خرچہ ماسوائے خرچہ مترجم ****، مدعا علیہ کے ذمہ ہو گا۔

・　原審における訴訟費用中証人○○○○に支給した分は，被告人の負担とする。

第５章　第一審における判決理由

1　罪となるべき事実

(1)　不正作出支払用カード電磁的記録供用罪及び窃盗罪の例

「被告人は，Ａ名義のキャッシュカードを構成する人の財産上の事務処理の用に供する電磁的記録を不正に作出して構成されたＢ名義のキャッシュカードの外観を有する不正電磁的記録カード１枚を使用して，金員を窃取しようと企て，平成○○年６月１２日午前１１時３０分ころ，東京都杉並区西荻窪４丁目２番５号所在のＣ銀行西荻窪支店において，前後２回にわたり，人の財産上の事務処理を誤らせる目的で，上記カードを同所設置の現金自動預払機に挿入させて同カードの電磁的記録を読み取らせて同機を作動させ，同カードの電磁的記録を人の財産上の事務処理の用に供するとともに，同機からＣ銀行西荻窪支店長管理に係る現金５０万円を引き出して窃取したものである。」

(2)　覚せい剤取締法違反罪の例

「被告人は，法定の除外事由がないのに，平成○○年４月５日午後６時３０分ころ，山中市山田町３番６号の被告人方において，覚せい剤であるフェニルメチルアミノプロパン約０．０４グラムを含有する水溶液０．２５ミリリットルを自己の左腕に注射し，もって，覚せい剤を使用したものである。」

(3)　大麻取締法違反罪の例

-ماتحت عدالت میں گواہ *** کو ادا شدہ رقم مدعا علیہ ادا کرے گا۔

V. ابتدائی عدالت کے فیصلہ کے دلائل

1. جرم مرتب کرنے والے حقائق

(1) غیر قانونی طور پر تیار شدہ برقی مقناطیسی ریکارڈ پر مشتمل کارڈ کو استعمال میں لانے اور چوری کی مثال

مدعا علیہ نے "الف" کے نام پر کیش کارڈ میں برقی مقناطیسی ریکارڈ کو ناجائز طریقہ سے تیار کر کے "ب" کے نام کے کیش کاڈ میں ریکارڈ کروایا اور یہ کیش کارڈ استعمال کر کے پیسوں کی چوری کرنے کی نیت رکھی اور 12 مئی ****ء کو بوقت 11 بج کر 30 منٹ "سی" بینک کی نیشی اوگیکوبو شاخ پر، جو 5-2-4، نیشی اوگیکوبو، سوگینامی کو، ٹوکیو میں واقع ہے، ۲ بار اس شاخ کی نقد نکلوانے کی مشین میں درج بالا غیر قانونی طریقہ سے تیار کیے گئے کارڈ ڈال کر نقد 5 لاکھ ین نکلوائی، یعنی اس رقم کی چوری کر لی ہے۔

(2) کیف آور (یا ہیجان انگیز) ادویات کے قانون کنٹرول کی خلاف ورزی کی مثال۔

مدعا علیہ نے قانونی عدم استثنائی صورت میں 5 اپریل ****ء کو بوقت شام تقریباً ساڑھے 6 بجے پر مدعا علیہ کی رہائش واقع 3-6 یامادا-چو، یامادا شہر 0.25 ملی لیٹر محلول کا ٹیکہ جس میں 0.04 گرام فینائل میتھائل امینو پروپین جو کہ ایک ہیجان انگیز دوائی ہے، اپنے بازو میں لگایا۔

(3) حشیش کنٹرول قانون کی خلاف ورزی کی مثال

「被告人は，みだりに，大麻を輸入しようと企て，大麻草７０．９４グラム（種子を含む）を自己の着用する両足靴下底にそれぞれ隠匿携帯した上，○○○○年５月３日（現地時間），Ａ国○○国際空港から○○航空０１７便の航空機に搭乗し，平成○○年５月４日午後零時３０分ころ千葉県成田市所在の成田国際空港に到着し，大麻を身につけたまま同航空機から本邦に上陸し，もって，本邦内に大麻を輸入したものである。」

(4) 麻薬及び向精神薬取締法違反罪の例

「被告人は，みだりに，平成○○年６月１０日午後６時ころ，東京都千代田区田中町３番１号の被告人方洋服ダンス内に麻薬である塩酸ジアセチルモルヒネの粉末約１０グラムを所持したものである。」

(5) 売春防止法違反罪の例

「被告人は，売春をする目的で，平成○○年１０月８日午後１１時２０分ころから同日午後１１時４５分ころまでの間，横浜市港北区新横浜２丁目５番１０号喫茶店「かおり」横付近から同区同町２丁目２番４号葵銀行新横浜支店前に至る間の路上をうろつき，あるいは立ち止まるなどし，もって，公衆の目にふれるような方法で客待ちをしたものである。」

(6) 強盗致死罪の例

「被告人は，遊興費欲しさとうっ憤晴らしのために，適当な相手を見つけて袋だたきにして所持金等を強取しようと考え，Ａ，Ｂと共謀の上，平成○○年１２月３日午前３

مدعا علیہ بغیر قانون استثنائی جواز کے، حشیش کی درآمد کی غرض سے 3 مئی ****ء (اس جگہ کے وقت کے مطابق) کو فلاں ایئر لائنز کی پرواز 017 پر فلاں بین الاقوامی ہوائی اڈے، ملک "الف" پر بغرض سفر سوار ہوا، جس نے 70,94 گرام حشیش کے پتے اور بیج اپنے موزوں کے تلے میں جو وہ پہنے ہوئے تھا چھپا رکھے تھے۔ 4 مئی ****ء کو ناریتا شہر، چیبا پریفیکچر میں واقع ناریتا بین الاقوامی ہوائی اڈے پر آمد کے بعد تقریباً ساڑھے ۱۲ بجے دوپہر کو مدعا علیہ نے اس ملک میں جہاز سے اتر کر اپنے قبضے میں رکھی ہوئی حشیش درآمد کی۔

(4) منشیات اور ہیجان انگیز ادویات سے متعلق قانون کی خلاف ورزی کی مثال

مدعا علیہ نے غیر قانونی طور پر اپنی رہائش واقع 1-3 تاناکا چو، چی یوداکو، ٹوکیو میں مدعا علیہ کی کپڑوں کی الماری کے ایک خانے میں 10 گرام ہائیڈروکلورک ایسڈ مارفین 10 جون ****ء کو بوقت تقریباً 6 بجے شام اپنے قبضے میں رکھی ہوئی تھی۔

(5) عصمت فروشی کے قانون کی خلاف ورزی کی مثال

8 اکتوبر ****ء کو شام 11 بج کر 20 منٹ اور 11 بج کر 45 منٹ کے دوران مدعا علیہ 'کاؤزی' کافی ہاوس واقع 10-5-2 شن یوکوہاما، کوہوکو، یوکوہاما شہر اور شن یوکوہاما شاخ، آؤئی بینک واقع 4-2-2، شین یوکوہاما میں عصمت فروشی کے ارتکاب کی خاطر آوارہ گردی اور گھات میں ملوث پائی گئی۔ اس طرح سے مدعا علیہ سرعام مشکوک حالت میں اپنے گاہکوں کا انتظار کرتے ہوئے پائی گئی۔

(6) ڈکیتی کی وہ مثال جس کے نتیجے میں موت واقع ہو گئی

مدعا علیہ کی نیت لطف اندوزی کی خاطر حصول زر کے لیے اور اپنی جنگجو طبیعت کو رام کرنے کے لیے کسی دوسرے شخص کو مارنے پیٹنے اور اس کی جائیداد یا ملکیت چھین لینے کی تھی۔ ایک دوسرے سے ہم مشورہ ہو کر ملزم الف اور ملزم ب کے ساتھ 3 دسمبر ****ء کو بوقت تقریباً دن کے 3 بج کر ۱۰ منٹ کو 1-14 تاکاہاتا چو، اومیا کو، سائیتاما شہر میں مظلوم ج کو مکوں اور ٹھڈوں

時１０分ころ，さいたま市大宮区高鼻町１４番１号付近の路上において，たまたま通りかかったＣ（当時２０歳）に対し，被告人，Ａ，Ｂにおいてこもごも，その顔面，頭部，腹部等を多数回にわたってこぶしで殴り，力一杯蹴り付けるなどの暴行を加えた上，Ａにおいて，抵抗できなくなったＣからその所有する現金３万２０００円くらいが入った財布１個を奪い取ったが，その際前記各暴行によって，Ｃに対し左側急性硬膜下血腫，脳挫傷，外傷性くも膜下血腫の傷害を負わせ，同月１３日午後４時１２分ころ，さいたま市大宮区盆栽町２丁目３番２号大宮病院において，それらの傷害により同人を死亡させたものである。」

(7)　自動車運転過失傷害罪の例

「被告人は，平成○○年９月１２日午前９時３０分ころ，普通乗用自動車を運転し，東京都武蔵野市吉祥寺東町３１番地付近道路先の左方に湾曲した道路を荻窪方面から三鷹方面に向かい時速約５０キロメートルで進行していた。こういった場合，自動車運転者としては前方を注視し，ハンドル操作を正しく行って進路を適正に保って進行すべき自動車運転上の注意義務がある。しかしながら，被告人は足元に落とした地図を拾うのに気を奪われたためこの注意義務に違反して，前方注視を欠き，ハンドルから一瞬手を離したまま，時速約５０キロメートルで進行するという過失を犯した。このため，車は対向車線に進入して，対面進行してきたＡ運転の大型貨物自動車の右側面に衝突した上，その衝撃で更に前方に進出して，Ａ運転車両の後方から進

سے زدوکوب کیا (جو اس وقت بعمر 20 سال تھا) جو اس وقت اتفاقاً وہاں سے گزر رہا تھا۔ مضروب کو چہرے، سر، پیٹ اور جسم کے دیگر حصوں پر کئی ضربیں آئیں۔ ملزم الف نے مضروب ج کو جو اپنی مدافعت کرنے کے قابل نہ رہا تھا ایک بٹوے سے محروم کر دیا جس میں تقریباً 32000 ین موجود تھے۔ مدعا علیہ کے مندرجہ بالا حملہ کے نتیجے کے طور پر ج کو سب ڈورل ہیماٹوما، برین کنٹیوژن اور بروینک سوباراچ نوئیڈ کی ضربات لگیں جن کی تاب نہ لاتے ہوئے وہ ۱۳ تاریخ کی شام کو تقریباً ۸ بج کر ۱۲ منٹ پر اومیا میونسپل ہسپتال واقع 2-3-2 بونسائی چو، اومیا کو، سائیتاما شہر جان بحق ہو گیا / ہو گئی۔

(7) غیر محتاط ڈرائیونگ کے نتیجے میں جسمانی زخمی کرنے کی مثال

12 ستمبر ****ء کو تقریباً ساڑھے 9 بجے صبح مدعا علیہ 50 کلو میٹر فی گھنٹہ کی رفتار سے اوگی کو ہو سے می تا کا کی طرف 31 کیچی جوجی ہیگا شی چو، موسا شینو شہر، ٹوکیو کے گردونواح میں بائیں طرف مڑنے والی سڑک پر گاڑی چلا رہا تھا۔ اس صورت حال میں مدعا علیہ کی بطور ڈرائیور یہ ذمہ داری تھی کہ گاڑی چلانے میں احتیاط برتتا سامنے کی صورت حال کو مد نظر رکھتا، اسٹیرنگ وہیل کو درست طریقہ سے استعمال کرتا اور احتیاط سے اپنے راستے پر گاڑی چلاتا، لیکن اپنے فرض احتیاط کی خلاف ورزی کرتے ہوئے اور گاڑی کے فرش پر گرے ہوئے گلیوں کے نقشہ کو اٹھانے کی کوشش میں مدعا علیہ نے نہ تو سامنے سے آتی ہوئی ٹریفک پر نظر رکھی، اور نہ ہی اسٹیرنگ کو اپنے قابو میں رکھا اور اس طرح سے تقریباً 50 کلو میٹر فی گھنٹہ کی رفتار سے گاڑی چلاتے ہوئے جرم غفلت کا ارتکاب کیا۔ نتیجہ کے طور پر گاڑی مخالف سمت کی گلی میں داخل ہو گئی اور ایک بڑے ڈیلوری ٹرک کے دائیں جانب سے ٹکرا گئی، جسے الف چلا رہا تھا۔ ازاں بعد دھماکے کی وجہ سے گاڑی آگے بڑھی اور ایک ڈیلوری ٹرک کے اگلے حصہ

行してきたB（当時５５歳）運転の普通貨物自動車の右前部に衝突した。その結果，Bに加療約２００日間を要する右股関節脱臼骨折の傷害を負わせたものである。」

(8) 傷害罪の例

「被告人は，平成○○年９月２日午後１時５分ころ，横浜市港南区日野南３丁目６番１７号先路上で，通行中のA（当時６２歳）に「おまえ，どこを歩いとるんじゃ。」などと因縁をつけ，こぶしでその顔を２回殴って転倒させ，その上に馬乗りになって更にその顔をこぶしで数回殴った。この暴行により，Aに約５日間の加療を要する右肘部挫滅傷，顔面挫滅傷の傷害を負わせたものである。」

(9) 詐欺罪の例

「被告人は，不正に入手した平和カード株式会社発行のA名義のクレジットカードを使用してその加盟店から商品をだまし取ろうと企て，平成○○年４月５日午前１１時１５分ころ，東京都中央区中村町３番先中村ショッピングセンター１階株式会社中村銀座店において，同店店長Bに対し，代金支払の意思及び能力がないのに，自己がクレジットカードの正当な使用権限を有するAであって，クレジットカードシステムによって代金の支払をするもののように装い，前記クレジットカードを提示してスーツ等３点の購入を申し込み，前記Bをしてその旨誤信させ，よって即時同所において，同人からスーツ等３点（価格合計７万３７００円相当）の交付を受けてこれをだまし取ったものである。」

کے دائیں طرف جا ٹکرائی جو ڈرائیور ب (بعمر 55 سال) چلا رہا تھا اور جو الف کے پیچھے جا رہا تھا۔ نتیجہ کے طور پر جسمانی ضربات لگ گئیں جس کی وجہ سے ڈرائیور ب کا داہنا کولہا نکل گیا اور ہڈی ٹوٹ گئی اور اسے تقریباً 200 دن تک علاج کروانا پڑا۔

(8) جسمانی ضرب کی مثال

2 ستمبر ****ء کو تقریباً دوپہر 1 بج کر 5 منٹ کو مدعا علیہ نے گلی نمبر 17-6-3 بینو بینامی، کونان کو، یوکوہاما شہر میں بلا جواز مظلوم الف کو (جو وقوعہ کے وقت 62 برس کی عمر کا تھا) اور اتفاقاً وہاں سے گزر رہا تھا چہرے پر دو مکے رسید کیے اور زمین پر گرا دیا۔ پھر مدعا علیہ اس کے سینے پر چڑھ بیٹھا اور اس کے چہرے پر کئی مکے رسید کیے۔ مندرجہ بالا حملہ کے نتیجے کے طور پر مدعا علیہ نے داہنی کہنی کی کون ٹیوژن اور چہرے کی کون ٹیوژن کی ضربات پہنچائیں جن کے علاج کے لیے تقریباً ۵ دن صرف کیے۔

(9) دھوکہ دہی کی مثال

مدعا علیہ نے ہیوا کارڈ کارپوریشن کی طرف سے الف کے نام پر جاری کردہ ایک کریڈٹ کارڈ غیر قانونی طور پر حاصل کرنے کے بعد اس کمپنی کے رکن اسٹوروں میں سے ایک اسٹور کو اس کریڈٹ کارڈ کے غیر قانونی استعمال سے اشیاء حاصل کر کے دھوکہ دینے کی نیت کی۔ 5 اپریل ****ء کو تقریباً سوا 11 بجے دن کے وقت مدعا علیہ نے اپنے آپ کو الف ظاہر کرتے ہوئے اور یہ تاثر دیتے ہوئے کہ اسے اس کارڈ کے استعمال کا حق حاصل ہے اور کارڈ کے ذریعے خریدی گئی اشیاء کی قیمت ادا ہو جائے گی اس کارڈ کو ناکامورا انکارپوریشن کے گنزا اسٹور (ناکامورا شاپنگ سینٹر، گراونڈ فلور) پر استعمال کیا جو ۳ ناکاموراچو، چاوکو، ٹوکیو پر واقع ہے اور اسٹور مینیجر ب سے بشمول ایک عدد سوٹ، تین چیزیں خریدیں۔ مدعا علیہ نے ب سے تینوں چیزیں وصول کیں جن کی کل مالیت 73700 ین تھی اور جس کا ب کو یقین تھا کہ کارڈ سسٹم کے ذریعے سے ادائیگی ہو جائے گی۔ اس طرح سے مدعا علیہ نے اسٹور کو یہ چیزیں دھوکے سے حاصل کر کے نقصان پہنچایا۔

(10) 殺人罪の例（確定的故意の場合）

「被告人は，A（当時６２歳）に雇われ，東京都江東区山中町５丁目２番４号所在の同人方に住み込んでいたものであるが，被告人が通行人に罵声を浴びせたのを前記Aから叱責されて口論のあげく激高し，とっさに，同人を殺害しようと決意し，平成○○年３月８日午後７時ころ，同人方６畳間の押し入れの中から刃体の長さ１３センチメートルのくり小刀を持ち出して携え，同所において，左手で前記Aの襟首をつかんで引き寄せながら，右手に持っていた前記くり小刀で同人の左胸部を突き刺し，同人がその場から逃げ出すや，追跡して同人方前路上でこれに追い付き，同所において，更に前記くり小刀で同人の左背部を突き刺し，よって，同人をして心臓刺切に基づく失血により即死させて殺害したものである。」

(11) 殺人罪の例（未必的故意の場合）

「被告人は，かねて，東京都千代田区山中２丁目８番９号所在のスナック「隼」の店員A（当時３０歳）から軽蔑の目でみられていることに憤まんの情を抱いていたところ，平成○○年８月７日午後１時３０分ころ，前記「隼」において，客として，前記Aにビールを注文したにもかかわらず，同人から「今日は帰れ。」と断られた上，刺身包丁を示され，「刺すなら刺してみろ。」と言われ，小心者と馬鹿にされたものと激高し酒の酔いも加わった勢いから，とっさに，同人が死亡する危険性が高い行為と分かっていながら，持ち合わせていた登山用ナイフ（刃体の長さ１０セ

(10) قتل انسان (قتل عمد) کی مثال

مدعا علیہ الف (ایک 62 سالہ شخص) کا ملازم ہے اور اس کے ساتھ 4-2-5، یامانا کاچو، کوتوکو، ٹوکیو میں رہائش پذیر ہے الف کے ساتھ اس بنا پر جھگڑا پڑا کہ الف نے مدعا علیہ کو ایک راہ گزر پر آواز کسنے کے لیے سرزنش کی تھی، فوراً غصہ میں آگیا۔ اور الف کو قتل کرنے کی نیت کرلی۔ 8 مارچ ****ء کو تقریباً 7 بجے شام مدعا علیہ نے الف کے چھ تاتامی والے کمرے کی الماری سے 13 سینٹی میٹر لمبا چاقو نکالا اور داہنے ہاتھ میں پکڑلیا۔ پھر اپنے بائیں ہاتھ سے الف کو اس کے کالر سے پکڑ کر اس کی چھاتی کے بائیں طرف سے اوپر والے حصے میں چاقو گھونپ دیا۔ جب الف نے اپنی جان بچانے کے لیے فرار کی کوشش کی تو مدعا علیہ اس کے پیچھے بھاگا اور گھر کے سامنے سڑک پر اسے جا لیا اور چاقو کا دوسرا وار کیا جو الف کو پشت پر بائیں جانب لگا۔ دل کے کٹ جانے اور زیادہ خون بہہ جانے کی وجہ سے، الف فی الفور اپنی موت سے ہمکنار ہوگیا۔ لہذا مدعا علیہ نے الف کے قتل کا ارتکاب کیا۔

(11) قتل (قتل کا نیم پختہ عزم) کی مثال

مدعا علیہ 9-8-2، یامانا کا، چی یوداکو، ٹوکیو میں واقع ہایابوسا نامی بار کے ایک تیس سالہ ملازم کے خلاف دل میں رنجش پالتا رہا کیوں کہ الف مدعا علیہ کو نفرت کی نظر سے دیکھتا تھا ر دیکھتی تھی۔ جب 7 اگست ****ء کو مدعا علیہ ڈیڑھ بجے دن ہایابوسا بار پر گیا تو الف نے مدعا علیہ کو بیئر کی بوتل جس کا اس نے آرڈر دیا تھا، دینے سے انکار کر دیا اور اسے گھر چلے جانے کے لیے کہا۔ بعد ازاں مچھلی کاٹنے کی چھری اس کی طرف دکھاتے ہوئے کہا کہ اگر تم میں جرات ہے تو مجھے موت کے گھاٹ اتار دو۔ مدعا علیہ نے جو شراب کے نشہ میں تھا اور اپنی تضحیک پر غضب ناک ہوگیا تھا۔ اس احساس کے ساتھ کہ اس کے فعل سے الف کی موت

ンチメートル）で，同人の右下腹部を１回突き刺し，よって同月８日午前２時５分ころ，同区北川５丁目８番８号田中病院において同人を右腎等刺切による失血のため死亡させ，もって，同人を殺害したものである。」

(12) 銃砲刀剣類所持等取締法違反罪の例

「被告人は，法定の除外事由がないのに，平成〇〇年６月７日午後７時ころ，横浜市田中町１丁目２番３号付近路上に停車していた自己所有の普通乗用自動車内において，回転弾倉式けん銃１丁をこれに適合する実砲１９発と共に保管して所持したものである。」

(13) 出入国管理及び難民認定法違反罪の例

「被告人は，〇〇国国籍を有する外国人であり，平成〇〇年３月１０日，同国政府発行の旅券を所持して，千葉県成田市所在の成田国際空港に上陸し，我が国に入国したが，在留期間が平成〇〇年４月１０日までであったのに，その日までに在留期間の更新又は変更を受けないで我が国から出国せず，平成〇〇年５月１１日まで，神奈川県大和市大和町２丁目１４９番地に居住し，もって，在留期間を経過して不法に本邦に残留したものである。」

(14) 窃盗罪（万引）の例

「被告人両名は，共謀の上，平成〇〇年３月４日午後零時４５分ころ，東京都豊島区北山町１番２号株式会社北山池袋店において，同店店長Ａ管理のシャープペンシル３８本など合計８４点（定価合計３万０８５０円相当）を窃取したものである。」

واقع ہونے کا امکان ہے الف کو کوہ پیمائی کے چاقو گھونپنے کی جرات کی اور ایک 10 سینٹی میٹر لمبے چاقو سے الف کے پیٹ کی دائیں طرف چاقو گھونپ دیا۔ دائیں گردے وغیرہ کے زخم سے زیادہ خون بہہ جانے کی وجہ سے الف 8-8-5 کیتا گاوا، چی یوداکو، ٹوکیو پر واقع تانا کا ہسپتال میناس ماہ کی 8 تاریخ کو دن کے تقریباً 2 بج کر 5 منٹ جان بحق ہوگیا۔ اس طرح سے مدعا علیہ نے الف کو قتل کر دیا۔

(12) آتشیں اسلحہ، تلوار رکھنے کی پابندی کے قانون کی خلاف ورزی کی مثال

مدعا علیہ کے پاس 7 جون ****ء کو تقریباً 7 بجے شام بلاقانونی جواز ایک ریوالور اور اس کی 19 گولیاں اس کی ملکیتی کار میں موجود تھیں جو 3-2-1 تانا کا چو، یوکوہاما شہر کے قرب وجوار میں کھڑی تھی۔

(13) امیگریشن کنٹرول اور پناہ گزیں تسلیم کرنے کے ایکٹ کی خلاف ورزی کی مثال

مدعا علیہ ایک غیر ملکی ہے جس کی قومیت *** ہے۔ وہ اس حکومت کے جاری شدہ پاسپورٹ کے تحت 10 مارچ ****ء کو ناریتا شہر، چیبا پریفیکچر میں واقع ناریتا انٹرنیشنل ایئرپورٹ پر اتر کر جاپان میں داخل ہوا۔ اسے 10 اپریل ****ء تک جاپان میں ٹھہرنے کی اجازت تھی جس کے بعد نہ تو اس اجازت نامہ میں توسیع کرائی اور نہ ہی اس تاریخ تک جاپان سے اخراج کیا۔ لہذا وہ 149-2 یاماتو چو، یاماتو شہر، کاناگاوا پریفیکچر پر 11 مئی ****ء تک ٹھہرا اور اس طرح اجازت شدہ مدت سے غیر قانونی طور پر زائد عرصہ تک قیام کیا۔

(14) سرقہ (دکان سے چوری کرنا) کی مثال

دونوں مدعا علیہا نے باہم صلح مشورہ کر کے 4 مارچ ****ء کو تقریباً پون بجے دن کیتایاما انکارپوریشن کے ایکے بوکورو اسٹور واقع 2-1 کیتایاما چو، توشیا کو، ٹوکیو سے اسٹور کے منیجر الف کی تحویل سے 84 مدات یا اشیاء مالیتی کل 30850 ین بشمول 38 میکنیکل پنسلیں چوری کیں۔

(15) 窃盗罪（すり）の例

「被告人両名は，共謀の上，平成〇〇年3月4日午後4時54分ころ，東京都台東区山下町1番2号付近路上で，被告人Xにおいて，通行中のA（当時30歳）が右肩に掛けていたショルダーバッグ内から，同人所有の現金4万3759円及びキャッシュカード等6点在中の札入れ1個（時価約1万円相当）を抜き取って，これを窃取したものである。」

(16) 教唆の例（窃盗）

「被告人は，平成〇〇年3月4日午後2時ころ，東京都千代田区北山町3番6号A方前路上において，Xに対し，「明日はこの家は留守になる。裏の戸はいつも開いているから，何か金目のものを取ってこい。」と申し向けて前記A方から金品を窃取するようにそそのかし，Xをしてその旨決意させ，よって，同月5日午後3時ころ，前記A方において，同人所有の腕時計1個（時価20万円相当）を窃取するに至らせ，もって，窃盗の教唆をしたものである。」

(17) 幇助の例（窃盗）

「被告人は，Xが，平成〇〇年3月4日午後3時ころ，東京都千代田区北山町3番6号A方において腕時計1個（時価20万円相当）を窃取するに際し，A方前路上でXのため，見張りをし，もって，同人の犯行を容易ならしめてこれを幇助したものである。」

2 証拠の標目

判示第1の事実について

(15) سرقہ یا چوری (جیب تلاشی) کی مثال

دونوں مدعا علیہا نے باہم صلح مشورہ کر کے الف کا ملکیتی مال چرانے کی سازش کی۔ اس سازش پر عمل کرتے ہوئے 4 مارچ ****ء کو تقریباً پونے 5 بجے دن مدعا علیہ ایکس نے بمقام 2-1 یاماشیتا چو، تائی تو کو، ٹوکیو میں اس کے دائیں کندھے سے لٹکے ہوئے شولڈر بیگ سے ایک بٹوا (مالیتی 10000 ین) جس میں 43759 ین نقد موجود تھے چھ دیگر اشیاء بشمول ایک کیش کارڈ جو تمام الف کی ملکیت تھیں جو وقوعہ کے وقت بعمر ۳۰ سال تھا اور اس جگہ سے اتفاقاً گزر رہا تھا، چوری کر لیں۔

(16) آرزوئے سرقہ (چوری کی ترغیب و تحریص) کی مثال

4 مارچ ****ء کو مدعا علیہ نے الف کی رہائش گاہ واقع 6-3 کیتایایاما چو، چی یوداکو، ٹوکیو کے سامنے سڑک پر تقریباً 2 بجے دن ایکس کے سامنے الف کے گھر سے روپیہ اور مال چرانے کے لیے یہ کہتے ہوئے آرزوئے سرقہ یا چوری کی ترغیب دی کہ کل گھر کے تمام افراد گھر سے باہر ہوں گے پچھلا دروازہ ہمیشہ کھلا رہتا ہے۔ جاؤ اور کچھ مال یا کوئی قیمتی چیز چرا لاؤ۔ یہ سن کر ایکس نے چوری کا ارادہ کر لیا۔ نتیجہ کے طور پر ایکس نے ایک دستی گھڑی (مالیتی 2 لاکھ ین) جو الف کی ملکیت تھی، اس ماہ کی 5 تاریخ کو 3 بجے دن الف کی رہائش گاہ سے چوری کر لی۔ لہٰذا مدعا علیہ نے چوری کی ترغیب دی۔

(17) معاونت سرقہ، چوری میں مدد دینا

جب ایکس نے 4 مارچ ****ء کو بوقت تقریباً 3 بجے دن الف کی رہائش گاہ واقع 6-3 کیتایایاما چو چی یوداکو، ٹوکیو سے دستی گھڑی (مالیتی 2 لاکھ ین) چوری کی تو مدعا علیہ نے الف کے گھر کے سامنے سڑک پر ایکس کی خاطر پہرہ دے کر ایکس کے جرم سرقہ میں معاونت کی۔

2. فہرست شہادت

حقائق کے پہلے حصے سے متعلق۔

・　被告人の当公判廷における供述

・　被告人の検察官に対する平成〇〇年２月１５日付け供述調書

・　証人Ａの当公判廷における供述

・　Ｂの検察官に対する供述調書

・　Ｃの司法警察員に対する供述調書（謄本）

・　Ｄ作成の被害届

・　司法警察員作成の実況見分調書

・　司法巡査作成の平成〇〇年１月２２日付け捜査報告書

・　鑑定人Ｅ作成の鑑定書

・　押収してある覚せい剤１袋（平成〇〇年押第〇〇号の１）

・　〇〇地方検察庁で保管中のけん銃１丁（平成〇〇年〇地領第〇〇号の１）

・　分離前の相被告人Ｙの当公判廷における供述

・　第３回公判調書中の証人Ａの供述部分

・　証人Ｃに対する当裁判所の尋問調書

・　証人Ｄに対する受命裁判官の尋問調書

・　当裁判所の検証調書

・　医師Ｆ作成の診断書

3　累犯前科

「被告人は，平成〇〇年３月２６日〇〇簡易裁判所で窃盗罪により懲役８月に処せられ，平成〇〇年１１月２６日その刑の執行を受け終わったものであって，この事実は検察事務官作成の前科調書によってこれを認める。」

• مقدمہ زیر تجویز پر مدعا علیہ کا بیان

• مستغیث کے روبرو ۱۵ فروری ****ء کو مدعا علیہ کا تحریری بیان

• مقدمہ زیر تجویز کے موقع پر گواہ 'الف' کا بیان

• 'ب' کا تحریری بیان روبرو سرکاری مستغیث

• پولیس افسر کے سامنے 'ج' کا تحریری بیان۔ (نقل)

• مظلوم کی رپورٹ جسے 'د' نے مکمل کیا۔

• پولیس افسر کا تیار کردہ رپورٹ معائنہ بر موقع

• پولیس کے سپاہی کی مکمل کردہ تفتیشی رپورٹ مورخہ ۲۲ جنوری ****ء۔

• ماہر 'ہ' کی مکمل کردہ رپورٹ

• ہیجان انگیز دوا والا ایک پلاسٹک بیگ جسے عدالت نے قرق کیا (قرق شدہ نمبر ا، ****ء)

• ایک عدد دستی بندوق (مد نمبر ا مورخہ ****ء) زیر نگرانی ڈسٹرکٹ پراسیکیوٹرز آفس

• کارروائی علیحدہ کیے جانے سے پیشتر اس عدالت کے روبرو شریک مدعا علیہ 'وائی' کا بیان

• مقدمہ کی تیسری سماعت کی رپورٹ میں ریکارڈ کیا ہوا 'الف' کا بیان

• عدالت ہذا پر گواہ 'ج' کا دیا گیا بیان

• نمائندہ جج کے روبرو گواہ 'د' کا بیان

• عدالت ہذا کی طرف سے جبری معائنہ کا ریکارڈ

• طبی رپورٹ تکمیل کردہ معالج 'و'

3. تکرار جرم کا مجرمانہ ریکارڈ

عدالت کے علم میں یہ بات آئی ہے کہ مدعا علیہ کو ** سمری کورٹ کی جانب سے چوری کے جرم میں ۲۶ مارچ ****ء کو ۸ ماہ قید بامشقت کی سزا سنائی گئی تھی جو مستغیث کے نائب افسر کے ریکارڈ کے مطابق ۲۶ نومبر ****ء کو مکمل ہوئی۔

4　確定判決

「被告人は，平成○○年３月１０日○○地方裁判所で傷害罪により懲役１年に処せられ，その裁判は同月２５日確定したものであって，この事実は検察事務官作成の前科調書によってこれを認める。」

5　法令の適用

「被告人の判示所為は刑法１９９条に該当するところ，所定刑中有期懲役刑を選択し，その刑期の範囲内で被告人を懲役８年に処し，同法２１条を適用して未決勾留日数中１２０日をその刑に算入し，押収してある刺身包丁１本（平成○○年押第○○号の１）は判示犯行の用に供した物で被告人以外の者に属しないから，同法１９条１項２号，２項本文を適用してこれを没収し，訴訟費用は，刑事訴訟法１８１条１項ただし書を適用して被告人に負担させないこととする。」

6　量刑の理由

出入国管理及び難民認定法違反の例

・　本件は，Ｙ国国民である被告人が，定められた在留期間を越えて不法に我が国に残留したという事案である。

・　被告人が我が国に不法に残留した期間が２年余りの長期であることなどに照らすと，被告人の刑事責任は重い。

・　他方で，被告人は，本件犯行について反省の態度を示し，今後は，本国に帰って，まじめな生活を送りながら，立ち直っていくことを誓っていること，被告人と生活を共にしていた婚約者が，被告人の本国で被告人と結婚して共に生活する気持ちでおり，被告人に対する寛大な処

4. آخری حتمی فیصلہ

عدالت کے علم میں یہ بات آئی ہے کہ ۱۰ مارچ ****۶ کو ** ڈسٹرکٹ کورٹ نے مدعا علیہ کو جسمانی زخم پہنچانے کی وجہ سے ایک سال قید با مشقت کی سزا سنائی تھی اور پبلک پراسیکیوٹر کے نائب افسر کے پاس جرائم ریکارڈ کے مطابق یہ فیصلہ ۲۵ مارچ ****۶ کو آخری (حتمی) ہوگیا تھا۔

5. قانونی دفعات کا اطلاق

عدالت مدعا علیہ کے اقدام کو مجموعہ تعزیرات کی دفعہ ۱۹۹ کی خلاف ورزی قرار دیتی ہے۔ اس دفعہ کے تحت دی گئی مختلف سزاؤں میں سے محدود مدت کی سزا قید با مشقت کا انتخاب کرنے کے بعد عدالت اس دفعہ کے تحت مقرر کی ہوئی مدت کے اندر مدعا علیہ کے لیے آٹھ سال قید با مشقت کی سزا سناتی ہے۔ اس سزا میں سے مجموعہ تعزیرات کی دفعہ ۲۱ کے مطابق ۱۲۰ ایام ازاں حراست مقدمہ زیر تجویز منہا کیے جائیں گے۔ مجموعہ تعزیرات کی دفعہ (۲) (۱) ۱۹ اور بنیادی شق نمبر ۲ کے تحت مچھلی کاٹنے کا وہ چاقو (مد نمبر ۱ ****۶) جو مدعا علیہ کی ملکیت ہے اور جس کے ساتھ مدعا علیہ نے جرم کا ارتکاب کیا، ضبط کیا جاتا ہے۔ دفعہ (۱) ۱۸۱ ضابطہ فوجداری کی شرطیہ شق کے تحت مدعا علیہ کو مقدمہ کے خرچے سے مستثنیٰ کیا جاتا ہے۔

6. سزا دینے کی وجوہات

تارکین وطن کے کنٹرول اور پناہ گزین تسلیم کیے جانے کے ایکٹ کی خلاف ورزی کی مثال

-یہ ایک ایسا مقدمہ ہے جس میں مدعا علیہ جو "وائی" ملک کا باشندہ ہے غیر قانونی طور پر متعینہ مدت سے زائد جاپان میں ٹھہر چکا ہے۔

-حالات کے پیش نظر بشمول اس امر کے کہ غیر قانونی قیام دو سال کے عرصہ سے بھی زیادہ ہے مدعا علیہ کی مجرمانہ فعل بہت سنگین ہے۔

-دوسری طرف مدعا علیہ نے اس جرم کے ارتکاب پر پشیمانی کا اظہار کیا ہے اور اس امر کا وعدہ کیا ہے کہ وہ اپنے ملک واپس جا کر محنت کے ساتھ خود کو سدھارنے کی کوشش کرے گا۔ اس کی منگیتر جو اس کے ساتھ رہتی تھی مدعا علیہ کے ساتھ اسی ملک میں

罰を訴えていることなど，被告人にとって酌むべき事情もある。

・　そこで，これらの事情を総合して主文のとおり刑を量定した。

第6章　控訴審における判決理由

1　理由の冒頭部分

本件控訴の趣意は，弁護人甲作成名義〈検察官乙提出〉の控訴趣意書記載のとおりであり，これに対する答弁は，検察官乙作成名義〈弁護人甲作成名義〉の答弁書記載のとおりであるから，これらを引用する。

控訴趣意中量刑不当〈事実誤認，訴訟手続の法令違反，理由不備〉の主張（論旨）について

2　理由の本論部分

(1)　控訴棄却

所論は，要するに，被告人には，本件輸入に係る物品が覚せい剤であるとの認識がなかったのであるから，被告人にその認識があったとして覚せい剤輸入の罪の成立を認めた原判決には，判決に影響を及ぼすことが明らかな事実の誤認があるというのである。しかし，原判決挙示の各証拠によると，被告人は，本件に至るまで，貨物船○○の船員として約２０回日本国と○○国との間を往復している者である上，○○国において船員としての教育を受けるに当たり，覚せい罪等の密輸が禁止されていることや関税関係法規等についての知識を得ていることが認められるから，覚せい剤が概ねどのような物品であるかを承知していたと推

ازدواجی زندگی بسر کرنے کی خواہش مند ہے اور ہلکی سزا کی التماس کرتی ہے۔ یہ حالات مدعا علیہ کے حق میں جاتے ہیں۔

-ان تمام حالات کو مد نظر رکھتے ہوئے عدالت نے وہ سزا تجویز کی ہے۔ جو اعلان شدہ مرکزی متن میں شامل ہے۔

VI. کوسو اپیل کی عدالت کے فیصلہ کے دلائل

1. ابتدائی حصہ

اپیل کے نکات وہی ہیں جو وکیل صفائی کے موجبات اپیل میں اٹھائے گئے ہیں (مستغیث 'ب' نے داخل کیے ہیں۔) موجبات اپیل کے رد کے دلائل سرکاری وکیل کے دائر کردہ جواب میں موجود ہیں۔ (وکیل صفائی 'الف' کے نام سے ہے) لہذا عدالت ان دستاویزات کو دلائل کے طور پر نمایاں کرتی ہے۔

نامناسب سزا (حقائق کی تلاش میں اغلاط/ قانون ضابطہ کی خلاف ورزی/ ناکافی استدلال) کے استدلال (دلائل) کے بارے میں۔

2. بنیادی حصہ

(1) کوسو اپیل کا اخراج

موجبات اپیل کا خلاصہ حسب ذیل ہے۔ ابتدائی فیصلہ میں مدعا علیہ کو ہیجان انگیز ادویات کی درآمد کے لیے قصور وار ٹھہرایا گیا تھا۔ اس بات کا یقین کیا گیا کہ اسے علم تھا کہ جو مودہ وہ درآمد کر رہا تھا وہ ہیجان انگیز ادویات تھیں۔ لیکن چونکہ اسے اس بات کا علم نہ تھا، فیصلہ میں اس نکتہ پر سقم موجود ہے جو فیصلہ کی نفی کرنے کے لیے کافی ہے۔ بہرحال وہ مدات شہادت جن کا ابتدائی فیصلہ میں ذکر موجود ہے ان کے معائنہ پر یہ عدالت اس نتیجہ پر پہنچی ہے کہ مدعا علیہ ایک ملاح کی حیثیت سے بحری جہاز ** سے ** سے جاپان تک تقریباً ۲۰ مرتبہ سفر کر چکا تھا اور ملاح کی تربیت اور حصول تعلیم کے دوران اپنے ہی ملک ** میں امتناع منشیات اور کسٹم سے متعلق قوانین کے بارے میں معلومات حاصل کر چکا تھا۔ لہذا یہ فرض کیا جاتا ہے کہ اسے علم تھا کہ ہیجان انگیز ادویات کا مواد کیسا ہوتا ہے۔ اور اس وقت جب مدعا علیہ کو علم تھا کہ وہ مواد جو وہ لا رہا تھا وہ سفید قلمی مواد تھا جو وینائل

認されるところである。そして，このことを前提として，甲から本件物品の運搬を依頼された際の物品の運搬ないし引渡しの方法についての指示内容が極めて密行性を帯びたものであったこと，被告人は本件物品がビニール製５袋に分けられた白色の結晶状を呈した物質であることを確認していること，搬入の手段，方法が覚せい剤等を持ち込む際によく行われる典型的な隠匿運搬方法を採っていること，その他本件発覚前後の証拠隠滅工作，被告人の捜査官に対する供述の内容等記録によって認められる諸事情をも考え合わせると，本件物品が覚せい剤であるとは知らなかったという被告人の弁解は到底信用できるものではなく，本件輸入の際，被告人は本件物品が覚せい剤であるとの認識を有していたと認めるのが相当である。

したがって，原判決がその挙示する各証拠を総合して原判示事実を認定したことは相当であり，原判決に事実誤認はないから，論旨は理由がない。

(2)　破棄自判

所論は，要するに，被告人を禁錮１年６月に処した原判決の量刑は重すぎて不当であるというのである。

記録によれば，本件事故は，被告人が前車の発進に気を許し左方の安全を確認することなく発進進行した過失により，折から横断歩道上を自転車に乗って進行していた被害者に自車を衝突転倒させ死亡させたというものであって，過失及び結果の重大性にかんがみると，所論指摘の被告人に有利な事情を十分考慮しても，原判決の量刑は，その宣

کے ۵ تھیلوں میں منقسم تھا۔ سوئم جس طریقہ سے یہ مواد جاپان میں لایا گیا وہ رازدارانہ طریقہ کی مخصوص مثال ہے جو رازدارانہ طریقہ اس قسم کی ہیجان انگیز اور دیگر ادویات کی سمگلنگ کے لیے ایجنٹ اختیار کرتے ہیں۔ چہارم اس مقدمہ میں کچھ اضافی حقائق بھی موجود ہیں جو مثل میں شامل ہیں یعنی صورت حال کا بھی منکشف ہو جانے کے بعد مدعا علیہ کی شہادت تلف کرنے کی کوششیں اور تفتیشی افسران کے روبرو اس کا بیان۔ لہذا یہ استدلال نہایت مناسب ہے کہ زیر بحث درآمد کے وقت مدعا علیہ کو اس امر کا بخوبی علم تھا جو مواد وہ لا رہا تھا وہ ہیجان انگیز ادویات ہی تھیں۔

لہذا یہ عدالت اس نتیجہ پر پہنچی ہے کہ ابتدائی فیصلہ کی تحقیق حقائق جو مدات شہادت پر مشتمل ہے اور جن کی فہرست فیصلہ میں موجود ہے انتہائی مناسب ہے اور تحقیق حقائق میں کسی غلطی کا ارتکاب نہیں ہوا۔ لہذا اس اپیل کی کوئی گنجائش نہیں۔

(2) ابتدائی عدالت کے فیصلہ کی تنسیخ اور بالائی عدالت کا فیصلہ

مختصراً اس اپیل کی بنیاد یہ ہے کہ ابتدائی فیصلہ میں دی گئی ایک سال چھ ماہ کی سزا بے مشقت اپنی نوعیت کے لحاظ سے غیر مناسب ہے۔

ریکارڈ کے مطابق اس مقدمہ میں حادثہ اس طرح سے رونما ہوا۔ مدعا علیہ نے سامنے والی گاڑی کی روانگی کو دیکھتے ہوئے اپنے بائیں طرف توجہ دیے بغیر اپنی گاڑی چلا دی۔ اور مظلوم کے سائیکل سے ٹکرایا جو سڑک پار کرنے کے سفید نشان سے گزر رہا تھا۔ نتیجے میں مظلوم فوت ہو گیا۔ غفلت کی شدت اور اس کے نتیجے کو مد نظر رکھتے ہوئے اور ان امور کا بھی جائزہ لیتے ہوئے جو مدعا علیہ کی حمایت میں پیش کیے گئے ہیں۔ اس سزا کو مناسب تسلیم کرنا پڑتا ہے جو ابتدائی فیصلہ میں دی گئی ہے۔

告時においては相当であったと認めることができる。

しかし，当審事実取調べの結果によれば，原判決後，被害者の遺族との間に，さらに任意保険等から・・・・・合計2000万円を支払うことで示談が成立していること，示談の成立に伴い被害感情は一層和らぎ，被害者の遺族から寛大な処分を望む旨の上申がなされるに至っていることなどの事情が認められ，これによれば，原判決の量刑は，現時点においては刑の執行を猶予しなかった点において重きに失し，これを破棄しなければ明らかに正義に反するといわなければならない。

3　法令の適用部分

(1)　控訴棄却

よって，刑訴法３９６条により本件控訴を棄却し，刑法２１条により当審における未決勾留日数中５０日を原判決の刑に算入し，当審における訴訟費用は刑訴法１８１条１項本文を適用して被告人に負担させることとし，主文のとおり判決する。

(2)　破棄自判

よって，刑訴法３９７条２項により原判決を破棄し，同法４００条ただし書により更に次のとおり判決する。

原判決が認定した罪となるべき事実に原判決と同一の法令を適用（科刑上一罪の処理，刑種の選択を含む。）し，その刑期の範囲内で被告人を懲役２年１０月に処し，刑法２１条により原審における未決勾留日数中５０日をその刑に算入し，原審及び当審における訴訟費用は刑訴法１８１

بہرحال عدالت ہذا کی تفتیش حقائق کی روشنی میں اس نتیجے پر پہنچی ہے کہ چونکہ مدعا علیہ اور مظلوم کے خاندان میں راضی نامہ طے پا گیا اور مدعا علیہ بشمول رضا کارانہ انشورنس۔۔۔۔۔۔ ۲ کروڑین ادا کرنے پر تیار ہے اور مظلوم خاندان کے احساسات بھی راضی نامہ کی وجہ سے ملائم پڑ گئے ہیں اور مظلوم کے خاندان نے تحریری طور پر ہلکی سزا کی درخواست کی ہے۔ ان حالات کی موجودگی میں ابتدائی فیصلہ کی سزا سنگین معلوم ہوتی ہے۔ ابتدائی فیصلہ میں التوائے اجرائے سزا کے پہلو کو پیش نظر نہیں رکھا گیا۔ اگر یہ عدالت اس صورت حال کو منسوخ نہ کرے تو یہ سراسر ناانصافی ہوگی۔

3. قوانین اور آرڈیننس کا اطلاق

(1) کو سو اپیل کا اخراج

لہذا یہ اپیل زیر دفعہ ۳۹۶ ضابطہ فوجداری خارج کی جاتی ہے۔ مجموعہ تعزیرات کی دفعہ ۲۱ کے تحت دوران مقدمہ حراست میں گزرے ۵۰ ایام ابتدائی فیصلے کی مدت قید میں سے منہا کر دیے جائیں گے۔ ضابطہ فوجداری کی بنیادی شق ۱۸۱(۱) کو عائد کرتے ہوئے یہ عدالت مدعا علیہ کو اس عدالت میں مقدمہ کے اخراجات ادا کرنے کا حکم دیتی ہے۔ لہذا عدالت وہ فیصلہ دہراتی ہے جس کا متن میں حوالہ موجود ہے۔

(2) ابتدائی عدالت کے فیصلہ کی تنسیخ اور بالائی عدالت کا فیصلہ

لہذا عدالت زیر دفعہ (۲) ۳۹۷ ضابطہ فوجداری ابتدائی فیصلہ منسوخ کرتی ہے اور ضابطہ کی دفعہ ۴۰۰ کی شرطیہ شق کے تحت مندرجہ ذیل فیصلہ سناتی ہے۔

جن حقائق کو ابتدائی عدالت نے جرم قرار دیا ان کے مطابق عدالت انھیں قانونی مدات کا اطلاق کرتی ہے، جن کا ابتدائی عدالت نے اطلاق کیا۔ (مختلف جرائم کو واحد جرم سمجھ کر سزا دینے کے اصول کی پیروی اور قسم سزا کا انتخاب بھی یہ عدالت ابتدائی عدالت کے مطابق کرتی ہے) اور یہ عدالت مدت قید کی گنجائش کے اندر مدعا علیہ کو دو سال دس مہینے قید با مشقت کی سزا کا حکم سناتی ہے۔ ضابطہ تعزیرات کی دفعہ ۲۱ کے تحت ابتدائی عدالت مقدمہ زیر تجویز کے دوران ۵۰ ایام حراست اس سزا میں سے

条１項ただし書を適用して被告人に負担させないこととし，主文のとおり判決する。

(3)　破棄差戻し

よって，刑訴法３９７条１項，３７７条３号により原判決を破棄し，同法４００条本文により本件を原裁判所である○○簡易裁判所に差し戻すこととし，主文のとおり判決する。

منہا کر دیے جائیں گے۔ ضابطہ فوجداری کی دفعہ (۱) ۱۸۱ کی شرطیہ شق کے تحت عدالت مدعا علیہ کو ابتدائی عدالت اور اس عدالت میں خرچہ مقدمہ کا سزاوار نہیں ٹھہراتی۔ لہذا عدالت متن میں دیے گئے فیصلہ کے مطابق حکم صادر کرتی ہے۔

(3) ابتدائی فیصلہ کی تنسیخ اور واپسی مقدمہ در ابتدائی عدالت

لہذا ضابطہ فوجداری دفعہ (۱) ۳۹۷ اور (iii) ۳۷۷ کے تحت ابتدائی عدالت کا فیصلہ منسوخ کیا جاتا ہے مقدمہ ضابطہ فوجداری کی دفعہ ۴۰۰ کے تحت ** سمری کورٹ کو واپس بھیجا جاتا ہے۔ اسی متن کے مطابق فیصلہ صادر کیا جاتا ہے۔

第４編

法律用語等の対訳

第４編　法律用語等の対訳

第１章　法律用語の対訳

【あ　行】

・相被告人［共同被告人］	۔ جرم میں ساتھی (شریک مدعا علیہ)
・あおる	۔ ترغیب دینا، اکسانا
・アリバイ	۔ موقع واردات پر غیر موجودگی کا ثبوت
・アルコール中毒	۔ شراب نوشی
・言い渡す	۔ (فیصلہ یا حکم) صادر کرنا
・異議	۔ اعتراض
・異議の申立て	۔ نکتہ اعتراض اٹھانا
・意見陳述	۔ رائے کا اظہار
・移送（被告事件の）	۔ (مقدمہ) منتقل کرنا
・移送（被告人の）	۔ (مجرم کو) دوسری جگہ لے جانا
・一事不再理	۔ عدالت کے فیصلہ کے بعد مقدمہ دائر نہ کیے جاسکنے کا اصول
・遺伝	۔ وارثت
・居直り強盗	۔ چوری کا انکشاف ہو جانے کے بعد چور کی دھمکیاں دے کر ڈکیتی کی واردات کرنا
・違法収集証拠	۔ غیر قانونی طور پر حاصل شدہ ثبوت
・違法性	۔ غیر قانونیت
・違法性阻却事由	۔ غیر قانونی حیثیت کی نفی کرنے والا سبب
・医療刑務所	۔ طبی جیل خانہ، ملزمان کے لیے ہسپتال
・医療の終了	۔ طبی حلاج کا خاتمہ
・因果関係	۔ فعل، فعل اور نتیجہ کا تعلق
・因果関係の中断	۔ خلل فعل، فعل میں رکاوٹ

法律用語【あ・か行】

・インターネット異性紹介事業	・انٹرنیٹ کے ذریعے جنس مخالف سے ملاقات کروانے کی سروس
・引致	・(مشتبہ کو) متعین جگہ پر لانا
・隠匿する	・صیغہ راز میں رکھنا، چھپانا
・員面調書	・پولیس افسر کے روبرو تحریری بیان
・うそ発見器	・جھوٹ پکڑنے والا آلہ، پولی گراف
・疑うに足りる相当な理由	・شک کی وجہ ممکنہ
・写し	・نقل
・うつ病	・افسردگی، حزن وملال
・営業秘密	・راز
・営利の目的	・منفعت کی خاطر
・閲覧する	・جائزہ لینا، پڑھنا
・えん罪	・بے بنیاد الزام
・援用	・حوالہ
・押印	・مہر لگانا
・押収	・ضبطی، قرقی
・押収物	・ضبط شدہ شے
・汚職	・رشوت خوری
・おとり捜査	・مجرم کو جال میں پھنسانا
・恩赦	・معافی

【か　行】

・戒護	・(خاص کر قید خانہ یا جیلوں میں) سلامتی، حفاظت
・改ざんする	・اول بدل کرنا۔ مداخلت کرنا
・開示	・انکشاف
・改悛の情	・ندامت، افسوس

法律用語【か行】

・外傷性	・زخم کی وجہ سے
・海上保安庁	・بحری تحفظ کا ادارہ
・海上保安留置施設	・بحری تحفظ کے لیے جائے حراست
・開廷	・اجلاس میں ہونا، عدالت کے اجلاس کا افتتاح
・回答書	・جواب
・外務省	・وزارت خارجہ
・科学警察研究所（科警研）	・قومی تحقیقی ادارہ برائے پولیس سائنس (کاکے کین)
・覚せい剤	・ہیجان انگیز اشیاء، کیف آور دوا
・覚せい剤中毒者	・ہیجان انگیز اشیاء کا عادی، کیف آور دواوں کا مریض
・確定	・حقیقت، قطعیت
・確定判決	・آخری قطعی فیصلہ
・科刑上一罪	・کثرت جرائم کو سزا کے مقصد کے لیے ایک جرم تصور کیا جائے۔ واحد تصوراتی جرم
・過失	・بداحتیاطی
・過失犯	・بداحتیاطی سے سرزد ہونے والا جرم
・過剰避難	・خطرے کی حالت میں ناجائز حد تک فراریت اختیار کرنا
・過剰防衛	・ناجائز حد تک ذاتی مدافعت کرنا
・加重	・سزا میں اضافہ
・家庭裁判所（家裁）	・عائلی کورٹ (خاندان سے متعلق عدالت)
・家庭裁判所調査官	・عائلی کورٹ کا افسر تحقیق
・可罰的違法性	・قابل سزا غیر قانونیت
・仮釈放	・(قول پر) عارضی رہائی
・仮納付	・مشروط ادائیگی
・仮放免	・مشروط رہائی
・過料	・انتظامی جرمانہ

・科料	خفیف جرمانہ، ہلکا جرمانہ ・
・簡易公判手続	سرسری سماعت کا ضابطہ ・
・簡易裁判所（簡裁）	سرسری سماعت کی عدالت (کان سائی) ・
・姦淫	غیر اضلاقی جنسی اختلاط ・
・管轄	دائرہ اختیار ・
・管轄違い	اختیار کا فقدان ・
・間接事実	بالواسطہ حقیقت ・
・間接証拠	بالواسطہ ثبوت ・
・間接正犯	بالواسطہ مجرم ・
・監置	عدالت میں بدنظمی پیدا کرنے پر قید ・
・鑑定	ماہر کی شہادت، ماہر کی رائے ・
・鑑定証人	ماہر بطور گواہ ・
・鑑定嘱託書	ماہر کی رائے طلب کرنے کی دستاویز ・
・（鑑定その他）医療的観察	ماہر کا معائنہ اور طبی جائزہ ・
・鑑定手続実施決定	ماہر کی رائے طلب کرنے کا فیصلہ ・
・鑑定入院命令	ماہر کی رائے طلب کرنے کے مقصد سے ہسپتال میں داخلہ کا حکم ・
・鑑定人	ماہر ・
・鑑定留置	ماہر کی رائے حاصل کرنے کے لیے عدالتی حکم کے تحت حراست ・
・観念的競合	ایک فعل سے متعدد جرائم کا سرزد ہونا ・
・還付	ضبط شدہ اشیاء کی واپسی ・
・管理売春	عصمت فروشی کا باقاعدہ کاروبار ・
・期間	عرصہ، مدت ・
・棄却する	خارج کر دینا ・
・偽計	دھوکہ دہی ・
・期日	تاریخ ・

・期日間整理手続	・دوران مقدمہ مشاورت کی کارروائی کا انتظام
・期日間整理手続調書	・دوران مقدمہ مشاورت کی کارروائی کے انتظام کی ریکارڈ
・既遂	・تکمیل سرزدگی جرم
・偽造	・جعل سازی، مصنوعی، جعلی
・起訴事実	・فعل جرم، الزام
・起訴状	・فرد جرم
・起訴状の訂正	・فرد جرم کی نظر ثانی
・起訴する	・استغاثہ دائر کرنا، فوجداری مقدمہ چلانا
・起訴猶予	・تعطل مقدمہ
・既判力	・طے شدہ فیصلہ کی قطعیت
・忌避	・اعتراض (مثلاً جج کی صلاحیت پر اعتراض کرنا)
・基本的人権	・بنیادی انسانی حقوق
・欺罔する（欺く）	・فریب دینا، دھوکہ دینا
・客体の錯誤	・مقصد کی غلطی (جرم کی غلطی)
・却下する	・خارج کر دینا، نا منظور کرنا
・求刑	・سزا کے بارے میں مستغیث کی رائے
・急迫の危険	・قریب الوقوع خطرہ
・急迫不正の侵害	・قریب الوقوع اور ناجائز حملہ
・恐喝する	・ڈرانا، زبردستی سے طلب کرنا
・凶器	・ہتھیار، جرم میں استعمال کیا گیا آلہ
・教唆する	・درخواست کرنا، ترغیب دینا
・供述	・بیان
・供述拒否権	・بیان دینے سے انکار کا حق، خاموش رہنے کا حق
・供述書	・تحریری بیان
・供述調書	・بیان کا ریکارڈ

法律用語【か行】

・供述の任意性	・بیان کی رضاکارانہ حیثیت
・[強制] 送還	・(جبری) اخراج
・強制捜査	・جبری تفتیش
・共同正犯	・شریک مجرم
・共同被告人	・شریک مدعا علیہ
・共同暴行	・ایک سے زائد افراد کی طرف سے تشدد، مشترکہ مارپیٹ
・脅迫する	・دباؤ ڈالنا
・共犯	・معاون جرم، شریک جرم
・共謀	・سازش
・共謀共同正犯	・شریک سازش
・業務上過失	・پیشہ میں غفلت
・業務上の注意義務	・پیشہ ورانہ یا کاروباری معاملات میں احتیاط کا فرض
・挙証責任	・بار ثبوت
・緊急逮捕	・ہنگامی حالت میں بلا وارنٹ گرفتاری
・緊急避難	・ہنگامی حالت میں خطرہ سے بچنا
・禁錮	・قید، قید بلا مشقت
・禁制品	・ممنوعہ اشیاء
・区	・وارڈ (شہر کا انتظامی حصہ)
・区検察庁（区検）	・مقامی مستغیث کا دفتر
・区分審理	・سائی بان این نظام میں ایک ہی مجرم کے خلاف کئی مقدمے الگ الگ کر کے چلانا
・刑期	・مدت قید
・警告	・انتباہ
・警察署	・پولیس اسٹیشن
・警察庁	・محکمہ قومی پولیس (این پی اے)

・警察庁次長	・ڈپٹی کمیشنر جنرل پولیس
・警察庁長官	・کمیشنر جنرل پولیس
・警視	・سپرنٹنڈنٹ پولیس
・警視監	・سپرنٹنڈنٹ سپروائزر پولیس
・刑事施設	・فوجداری ادارہ، قیدخانہ
・刑事収容施設	・فوجداری ادارہ حراست
・刑事処分	・فوجداری حکم
・警視正	・سینئر سپرنٹنڈنٹ پولیس
・刑事責任	・فوجداری ذمہ داری
・警視総監	・سپرنٹنڈنٹ جنرل، میٹروپولیٹن پولیس
・刑事第１部	・فوجداری ڈویژن نمبرا
・警視庁	・میٹروپولیٹن پولیس ڈپارٹمنٹ
・警視長	・سپرنٹنڈنٹ اعلیٰ
・刑事未成年者	・فوجداری قانون میں کم سن یاکم عمر
・刑の量定に影響を及ぼす情状	・وہ حالات جو سزادہی کو متاثر کریں
・刑罰	・تعزیر، سزا
・頚部	・گردن
・警部	・پولیس انسپکٹر
・警部補	・اسسٹنٹ پولیس انسپکٹر
・刑務官	・افسر جیل
・刑務所	・جیل
・刑務所長	・داروغہ جیل
・結果回避義務	・خطرناک نتیجہ کی مدافعت کا فرض
・欠格事由	・نااہلیت کی وجوہات
・結果的加重犯	・نتیجہ کے لحاظ سے زیادہ سنگین جرم

・結審する	・مقدمہ ختم کرنا
・決定	・فیصلہ
・県	・پریفیکچر
・原因において自由な行為	・اپنے آپ کو غیر ذمہ دارانہ حالت میں رکھ کر اور اس حالت سے فائدہ اٹھا کر جرم کرنا
・厳格な証明	・قانونی شرائط کو پورا کرنے والا ثبوت
・県警察本部	・پریفیکچر پولیس کا صدر دفتر
・現行犯	・چشم دیدہ جرم
・現行犯人逮捕手続書	・ارتکاب جرم کے موقع پر گرفتاری کی دستاویز
・原裁判所	・نچلی عدالت
・検察官	・(سرکاری) مستغیث، سرکاری وکیل
・検察官請求証拠	・مستغیث کا درخواست کردہ ثبوت
・検察事務官	・مستغیث کا نائب افسر
・検察審査員	・کمیٹی برائے تفتیش استغاثہ کا ممبر
・検察審査会	・کمیٹی برائے تفتیش استغاثہ
・検視	・معائنہ لاش
・検事	・سرکاری مستغیث (سرکاری وکیل)
・検事正	・مستغیث اعلیٰ، چیف پراسیکیوٹر
・検事総長	・مستغیث عظمیٰ، پراسیکیوٹر جنرل
・検事長	・سپرنٹنڈنٹ پراسیکیوٹر
・現住建造物	・آباد عمارت
・検証	・(لازمی) معائنہ
・検証調書	・لازمی معائنہ کا ریکارڈ
・原審	・ابتدائی عدالت
・原審弁護人	・ابتدائی عدالت میں وکیل صفائی

・限定責任能力	・مجرمانہ ذمہ داری میں کمی
・原判決	・ابتدائی فیصلہ
・憲法違反	・آئین کی خلاف ورزی
・原本	・اصل، اصلی نقل
・検面調書	・مستغیث کے روبرو تحریری بیان
・権利保釈	・حق ضمانت پر رہائی
・牽連犯	・دو یا دو سے زائد جرائم کا ایک مجرمانہ سلسلہ
・故意	・ارادہ، نیت
・合意書面	・افسر تفتیش اور مدعا علیہ (یا وکیل صفائی) کی رضامندی سے عدالت میں پیش کردہ تحریری بیان
・勾引状	・کسی شخص کو کسی جگہ لے جانے کا عدالتی حکم نامہ
・勾引する	・مدعا علیہ (یا گواہ) کو مقام متعینہ تک لازمی طور پر لانا
・合議体	・(تین ججوں پر مشتمل) عدالت
・公共職業安定所（職安）	・ملازمت کی ضمانت کے لیے سرکاری دفتر
・抗拒不能	・مزاحمت کرنے کے قابل نہ ہونا، ناقابل دفاع
・後見監督人	・سرپرست نگران
・後見人	・سرپرست
・抗告	・کوکوکو اپیل (فیصلہ کے سوا دیگر عدالتی احکامات کے خلاف اپیل)
・抗告裁判所	・کوکوکو اپیل کی مجاز عدالت
・抗告の趣旨	・اپیل کا مقصد
・抗告の取下げ	・اپیل واپس لینا
・公使	・منسٹر (نائب سفیر)
・強取する	・لوٹنا
・公序良俗	・امن عامہ اور خصلت صالح، اچھا چال چلن
・更新する	・تجدید، اعادہ کرنا

・更生	・بحالی
・更正決定	・فیصلہ کی تصحیح
・構成裁判官	・سائی بان این نظام میں مقدمہ کے جج
・構成要件	・ایک جرم کے اجزائے ترکیبی
・厚生労働省	・وزارت بہبود و محنت
・厚生労働大臣	・وزیر بہبود و محنت
・控訴	・اعلیٰ عدالت میں کوسو اپیل، ابتدائی عدالت کے فیصلہ کے خلاف اپیل
・公訴	・فوجداری مقدمہ چلانا، فرد جرم
・公訴棄却	・استغاثہ کا اخراج
・控訴棄却	・کوسو اپیل کا اخراج
・公訴権濫用	・استغاثہ کے اختیار کا ناجائز استعمال
・控訴裁判所	・پہلی اپیل دائر کرنے کی عدالت
・公訴時効	・استغاثہ دائر کرنے کی قانونی مدت
・公訴事実	・فرد جرم میں عائد کردہ الزام سے متعلق حقائق
・控訴趣意書	・پہلی اپیل کی دستاویز
・控訴審	・کوسو اپیل کی عدالتی کارروائی
・公訴提起	・فوجداری مقدمہ شروع کرنے کی تجویز
・控訴提起期間	・کوسو اپیل دائر کرنے کی معیاد
・控訴申立書	・کوسو اپیل دائر کرنے کے لیے تحریری درخواست
・控訴理由	・موجبات کوسو اپیل
・拘置所	・حراست گاہ
・交通切符	・ٹریفک کا ٹکٹ
・交通事件原票	・ٹریفک قوانین کی خلاف ورزیوں کے بارے میں پولیس ریکارڈ
・交通反則金	・ٹریفک قوانین کی خلاف ورزی کا جرمانہ
・口頭	・زبانی

・高等検察庁（高検）	・دفترِاعلیٰ مستغیث (کوکین)
・高等裁判所（高裁）	・عدالت اعلیٰ (کوسائی)
・高等裁判所長官	・عدالت اعلیٰ کا چیف جج
・口頭弁論	・زبانی کارروائی
・公判期日	・تاریخ سماعت
・公判準備	・سماعت کی تیاری
・公判調書	・سماعت کا ریکارڈ
・公判廷	・مقدمہ کی سماعت کرنے والی عدالت
・公判手続	・کارروائی سماعت مقدمہ، ضابطہ کارروائی
・公判前整理手続	・قبل از مقدمہ مشاورت کی کارروائی
・公判前整理手続期日	・قبل از مقدمہ مشاورت کی کارروائی کی تاریخ
・公判前整理手続調書	・قبل از مقدمہ مشاورت کی کارروائی کا ریکارڈ
・交付送達	・مقدمہ سے متعلقہ دستاویزات متعلقہ فرد کو پیش کرنا
・公文書	・سرکاری دستاویز
・公務員	・سرکاری ملازم
・拷問	・اقبال جرم کے لیے تشدد کرنا
・公用文書	・دستاویز برائے سرکاری استعمال
・勾留	・حراست
・拘留	・قید بطور سزا
・勾留執行停止	・اجرائے قید میں عارضی تعطل
・勾留状	・قید رکھنے کا حکم نامہ
・勾留理由開示	・مدعا علیہ کو موجبات قید سے آگاہ کرنا
・コカイン	・کوکین
・呼気アルコール濃度	・سانس میں الکحل کی کثافت
・語気を荒げて	・غصیلہ انداز، غضب ناک انداز

・国外犯	جاپان سے باہر سرزد کیے گئے جرائم ・
・国際司法共助	بین الاقوامی قانونی معاونت ・
・国籍	قومیت ・
・国選被害者参加弁護士	عدالت کا مقرر وکیل برائے مظلوم ・
・国選弁護人	عدالت کا مقرر وکیل صفائی ・
・告訴	مظلوم یا اس کے رشتہ داروں کی طرف سے استغاثہ ・
・告訴状	(مظلوم کی طرف سے انصاف کے لیے پیش کردہ) شکایتی عرضی ・
・告知する	کارروائی کی اطلاع دینا ・
・告発	غیر متعلقہ شخص کا استغاثہ ・
・告発状	(غیر متعلقہ شخص کی طرف سے انصاف کے لیے پیش کردہ) شکایتی عرضی ・
・戸籍抄本	خاندانی رجسٹر کی جزوی نقل ・
・戸籍謄本	خاندانی رجسٹر کی مصدقہ نقل ・
・護送	حفاظت ・
・誤想防衛	غلط فہمی پر مبنی حفاظت خود اختیاری ・
・国家公安委員会	قومی ادارہ برائے حفاظت شہری ・
・誤判	غلط فیصلہ ・

【さ　行】

・罪刑法定主義	مدون قانون کے مطابق اقرار جرم اور تعین سزا کا اصول ・
・裁決	کسی قانونی مسئلہ پر انتظامیہ کا فیصلہ ・
・最高検察庁（最高検）	دفتر مستغیث عظمیٰ (سائیکوکین) ・
・再抗告	دوسری کوکوکو اپیل ・
・最高裁判所（最高裁）	عدالت عظمیٰ (سائکوسائی) ・
・最高裁判所長官	عدالت عظمیٰ کا چیف جج ・

・最高裁判所判事 ・ عدالت عظمیٰ کا جج

・最終弁論 ・ وکیل صفائی کے اختتامی دلائل

・罪証隠滅のおそれ ・ ثبوت کے تلف کرنے یا پوشیدہ رکھنے کا خطرہ

・罪状認否 ・ مدعا علیہ کا فرد جرم کو رد یا قبول کرنا

・再審 ・ طے شدہ فیصلہ پر نظر ثانی کے لیے عدالتی کارروائی

・再審開始決定 ・ دوبارہ مقدمہ چلانے کے بارے میں فیصلہ

・再審事由 ・ دوبارہ مقدمہ چلانے کی وجوہات (موجبات)

・罪数 ・ جرم کی تعداد

・罪体 ・ جرم کا معروضی ڈھانچہ

・在庁略式手続 ・ مدعا علیہ کی سرکاری وکیل کے دفتر میں موجودگی کے دوران سرسری فوجداری کارروائی

・在廷証人 ・ عدالت میں موجود گواہ

・再入国許可 ・ ملک میں دوبارہ داخلہ کی اجازت

・採尿手続 ・ پیشاب حاصل کرنے کا ضابطہ

・再犯 ・ جرم بار دگر سرزد ہونا، دوسرا جرم

・裁判 ・ مقدمہ

・裁判員 ・ سائی بان این، شہری جج

・裁判員候補者 ・ سائی بان این کا امیدوار

・裁判員等選任手続 ・ سائی بان این منتخب کرنے کی کارروائی

・再犯加重 ・ دوبارہ جرم سرزد ہونے پر سنگین سزا

・裁判官 ・ جج

・裁判官の面前における供述 ・ بیان روبرو جج

・裁判権 ・ عدالتی اختیار

・裁判所 ・ عدالت

・裁判所事務官 ・ عدالتی ملازم

・裁判所書記官	・عدالتی کلرک
・裁判所速記官	・عدالتی اسٹینوگرافر
・再反対尋問	・دوبارہ جرح
・裁判長	・صدارت کرنے والا جج
・裁判を受ける権利	・حق داد خواہی
・財物	・ملکیت
・罪名	・جرم کا نام
・在留期間の更新許可	・مدت رہائش میں اضافہ کی اجازت
・在留資格	・رہائشی حیثیت
・在留資格証明書	・رہائشی حیثیت کا سرٹیفکیٹ
・裁量保釈	・صوابدیدی ضمانت
・錯誤	・غلطی
・酒酔い・酒気帯び鑑識カード	・شرابی حالت کے معائنہ کا ریکارڈ
・差押え	・حق استعمال کے لیے حکم امتناعی
・差押調書	・حق استعمال کے لیے حکم امتناعی کا ریکارڈ
・差し戻す	・واپس کرنا
・査証（ビザ）	・ویزا، اجازت نامہ
・査証相互免除	・باہمی ویزا کا استثنا
・参考人	・تفتیش میں معاون شخص
・資格外活動許可	・ماضی میں دیے گئے رہائشی استحقاق سے قطع نظر کام یا سرگرمی کی اجازت
・自救行為	・غیر قانونی طور پر اپنے نقصان کی تلافی
・死刑	・سزائے موت
・事件受理	・مقدمہ وصول کرنا
・時効	・مقدمہ دائر کرنے کی معیاد

・事後審	・مابعد کارروائی جس میں اپیل سماعت کرنے والی عدالت حقائق کی روشنی میں اصل فیصلہ پر نظرثانی کرتی ہے
・自己に不利益な供述	・اپنے ہی مفاد کے خلاف بیان
・自己負罪拒否特権	・اپنے آپ کو الزام سے بچانے کے لیے بیان دینے سے انکار کرنے کا استحقاق
・自己矛盾の供述	・متضاد بیان، اپنی ہی نفی کرنے والا بیان
・事実誤認	・تعین حقیقت میں غلطی
・事実審	・تعین حقیقت اور اطلاق قانون پر عدالت میں غور وفکر
・事実の錯誤	・مجرمانہ حقیقت کے بارے میں مجرم کی غلط فہمی
・事実の取調べをする	・حقائق کی چھان بین
・自首	・رضاکارانہ سپردگی
・事前準備	・تیاریاں
・私選弁護人	・ذاتی اخراجات پر مقرر کردہ وکیل صفائی
・刺創	・چاقوزنی کا زخم
・死体検案書	・کسی شخص کی موت کے بارے میں ڈاکٹر کی مصدقہ رپورٹ
・辞退事由	・سائی بان این بننے سے انکار کرنے کی وجوہات
・示談書	・صلح نامہ
・示談する	・صلح کرنا
・次長検事	・ڈپٹی پراسیکیوٹر جنرل
・市町村	・بلدیہ، شہر، قصبہ اور گاؤں
・市町村長	・بلدیہ کا ناظم
・失火	・آتش زنی بوجہ غفلت
・実況見分調書	・رپورٹ معائنہ بر موقع
・実刑	・اجرائے سزا بلا تعطل
・失血死	・زیان خون کی وجہ سے موت

・執行	・اجرا
・実行行為	・جرم کرنے کا فعل
・執行停止	・اجرائے سزا میں تعطل
・実行の着手	・ارتکاب جرم کا آغاز
・執行猶予	・سزا کے اجرا کا تعطل
・質問票	・(سائی بان این کے امیدواروں کے لیے) سوال نامہ
・指定医療機関	・مقررہ طبی ادارہ
・指定侵入工具	・گھر کے اندر گھسنے کے لیے مخصوص آلہ
・指定通院医療機関	・ہسپتال آکر علاج کے لیے مخصوص طبی ادارہ
・指定入院医療機関	・ہسپتال میں داخل ہو کر علاج کے لیے مخصوص طبی ادارہ
・刺突	・چاقوزنی
・児童買春	・نابالغ کی عصمت فروشی
・自白	・اقبال جرم
・自費出国	・ذاتی اخراجات پر ملک چھوڑنا
・事物管轄	・عدالت کے اختیارات کی حدود
・司法警察員	・پولیس افسر
・司法警察職員	・پولیس کا عملہ
・司法巡査	・پولیس کانسٹیبل
・死亡診断書	・سرٹیفکیٹ فوتیدگی
・始末書	・تحریری معافی نامہ
・氏名照会回答書	・شناختی پڑتال کا جواب
・指紋照会回答書	・نشانات انگشت کی تفتیش کا جواب
・社会通念	・عام سماجی معیار
・社会的相当行為	・سماجی لحاظ سے جائز فعل
・社会に復帰することを促進する	・دوبارہ معاشرہ میں رہنے کو فروغ کرنا

・社会復帰調整官 . دوبارہ معاشرہ میں رہنے کا مددگار

・釈放 . (حراست سے) آزادی

・釈明 . وضاحت، صفائی

・酌量減軽 . صوابدیدی تخفیف، سزامیں صوابدیدی کمی یا تخفیف

・写真撮影報告書 . ایسی تفتیشی رپورٹ جس میں فوٹو شامل ہوں

・遮へい . حفاظت

・重過失 . انتہائی غفلت

・収容 . قید میں رکھنا

・住居 . رہائشی مقام

・就職禁止事由 . سائی بان این بننے میں نا اہلیت کی وجوہات

・囚人 . قیدی

・自由心証主義 . شہادت کے مطابق ججوں کے آزادانہ صوابدیدی استحقاق کا اصول

・周旋する . بیچ میں پڑنا

・重大な事実の誤認 . حقائق کی تفتیش میں سنگین غلطی

・(重大な) 他害行為 . دوسرے پر (سنگین) حملہ کرنا

・自由な証明 . استدلال کا غیر سخت انگیز طریقہ

・従犯 . (جرم کے ارتکاب میں) معاونت

・主観的違法要素 . غیر قانونی فعل کے داخلی محرکات

・酒気帯び . نشے میں ہونا (اپنے جسم میں الکحل رکھنا، ایک سانس میں 0،25 ملی گرام کا الکحل شامل ہونے کی صورت)

・主刑 . بڑی سزا

・受刑者 . سزا بھگتنے والا قیدی

・主尋問 . اپنے گواہ کے ساتھ سوال

・受訴裁判所 . مخصوص دیوانی مقدمہ سننے والی مخصوص عدالت

・受託裁判官 . طلب شدہ جج

法律用語【さ行】

・出国命令	・روانگی کا حکم نامہ
・出頭	・پیشی، حاضری
・出頭命令	・حاضری کا حکم نامہ
・出入国記録	・غیر ملکی کا ریکارڈ
・主任弁護人	・بڑا وکیل صفائی
・主犯	・بڑا مجرم
・主文（判決主文）	・فیصلہ کا بنیادی حصہ
・受命裁判官	・نمائندہ جج
・主要事実	・جرم کے حقائق
・準起訴手続	・نیم فوجداری کارروائی (عدالت مستغیث کا روپ دھار کر فیصلہ کرتی ہے کہ مقدمہ میں فرد جرم عائد کرنی چاہیے یا نہیں)
・準抗告	・نیم کوکوکو اپیل (جج، مستغیث یا پولیس افسر کے کسی حکم کے خلاف عدالت میں شکایت پیش کرنا
・巡査	・افسر پولیس
・巡査長	・سینئر افسر پولیس
・巡査部長	・پولیس سارجنٹ
・遵守事項	・رہائی کی شرائط
・照会	・استفسار
・傷害	・جسمانی زخم
・召喚	・طلبی
・召喚状	・حکم نامہ طلبی
・召喚する	・طلب کرنا
・情況（状況）証拠	・قرائنی شہادت
・証言	・شہادت
・証拠	・شہادت، ثبوت

・証拠開示	・ شہادت کا انکشاف
・上告	・ جوکوکو اپیل (آخری اپیل)
・上告趣意書	・ موجبات جوکوکو اپیل
・上告審	・ کارروائی سپریم کورٹ
・上告理由	・ موجبات برائے اپیل روبرو سپریم کورٹ
・証拠決定	・ شہادت کی منظوری یا نامنظوری کا حکم
・証拠書類	・ دستاویزی شہادت
・証拠調べ	・ معائنہ شہادت
・証拠資料	・ شہادتی مواد
・証拠説明	・ تذکرہ شہادت
・証拠等関係カード	・ شہادت کا کارڈ
・証拠能力	・ قبولیت (منظوری) شہادت
・証拠の提示	・ شہادت کی پیشکش
・証拠の標目	・ فہرست شہادت
・証拠排除	・ انخفائے شہادت
・証拠物	・ مادی شہادت
・証拠方法	・ شہادتی اشیاء
・証拠保全	・ تحفظ شہادت
・常習性	・ عادت
・常習犯	・ عادتاً جرم کرنا، عادی مجرم
・情状	・ حالات (تعین سزا میں اہم کردار ادا کرنے والے کوائف)
・情状酌量	・ جرم کے کوائف کے مطابق سزا میں تخفیف
・上申書	・ عرضی
・上訴	・ اپیل
・上訴権者	・ وہ شخص جسے اپیل کرنے کا حق حاصل ہو

法律用語【さ行】

・上訴裁判所	・ وہ عدالت جس میں اپیل دائر ہو
・上訴趣意書	・ اپیل کے موجبات کا بیان
・上訴提起期間	・ اپیل دائر کرنے کی قانونی معیاد
・上訴の取下げ	・ اپیل واپس لے لینا
・上訴の放棄	・ اپیل سے دست برداری
・焼損する	・ آتش زنی
・証人	・ گواہ
・証人尋問	・ گواہ کی جانچ
・証人尋問調書	・ گواہ کی جانچ کا ریکارڈ
・少年	・ نابالغ، کم سن
・少年院	・ تربیتی اسکول برائے نابالغان
・少年刑務所	・ جیل برائے نابالغان
・条文	・ شق، فقرہ
・小法廷	・ سپریم کورٹ کا خفیف بنچ
・抄本	・ جزوی نقل
・証明予定事実	・ تصدیقی قوت یا وصف
・証明力	・ قدر ثبوت
・条約	・ معاہدہ، اقرار نامہ
・上陸拒否事由	・ جہاز سے اترنے کی اجازت نہ دینے کا سبب
・条例	・ بلدیاتی قوانین
・処遇事件	・ سلوک کا کیس
・嘱託する	・ کسی کو اپنا کام سپرد کرنا
・職務質問	・ راستے میں کیے جانے والے پولیس کے سوالات
・職務従事予定期間	・ سائی بان این کی حیثیت سے کام کرنے کی مدت
・所持品検査	・ جسمانی تلاشی

・書証 ・دستاویزی شہادت

・除斥 ・مقدمہ کی سماعت سے جج کا قانون کے مطابق اخراج، نا اہلی

・処断する ・سزا دینا، فیصلہ کرنا، حکم دینا

・職権 ・سرکاری اختیار

・職権証拠調べ ・عدالت کی طرف سے معائنہ شہادت

・職権調査 ・عدالت کی طرف سے تفتیش

・職権保釈 ・عدالت کے اختیار کے مطابق ضمانت پر رہائی

・職権濫用 ・سرکاری اختیار کا ناجائز استعمال

・処罰条件 ・سزا کی شرائط

・初犯 ・پہلا جرم

・署名 ・دستخط

・資力申告書 ・مالیاتی ملکیت کا ریکارڈ

・信義則 ・اصول وفا

・人権擁護局 ・بیورو برائے انسانی حقوق

・親告罪 ・ایسے جرم جن پر مقدمہ چلانے کے لیے مظلوم کے استغاثہ دائر کرنے پر انحصار کیا جائے

・審査補助員 ・استغاثہ کی تفتیش کا مددگار

・心証 ・جرم یا مجرم کے بارے میں جج کا تاثر

・身上照会回答書 ・ذاتی پس منظر کی تفتیش کا جواب

・心神耗弱 ・کم فہمی، نیم پاگل پن

・心神喪失 ・پاگل پن از خود رفتگی

・審尋 ・سماعت، پوچھ گچھ

・人身取引 ・انسان کا لین دین

・真正な اصل، معتبر

・親族相盗 ・اپنے ہی رشتہ داروں کے خلاف سرقہ

・身体検査	・جسمانی تلاشی اور معائنہ
・身体検査令状	・جسمانی تلاشی اور معائنہ کے لیے اجازت نامہ
・診断書	・طبی رپورٹ، طبی سرٹیفکیٹ
・人定質問	・تشخیص کے لیے مدعا علیہ سے سوالات
・シンナー	・پینٹ کو رقیق کرنے والا مادہ
・審判	・مقدمہ
・審判期日	・مقدمہ کی تاریخ، سماعت کی تاریخ
・審判調書	・مقدمہ کا ریکارڈ، سماعت کا ریکارڈ
・尋問事項	・پوچھ گچھ کے مدات
・尋問する	・معائنہ کرنا، سوال پوچھنا
・信用性	・اعتبار، ساکھ
・信頼の原則	・اصول اعتبار
・審理不尽	・مقدمہ کی کارروائی میں بے ضابطگی
・推定する	・فرض کرنا
・性格異常	・کردار میں پراگندگی
・生活環境	・زندگی کا ماحول، سماجی ماحول
・税関	・کسٹم ہاؤس
・請求による裁判員等の解任	・درخواست پر سائی بان این وغیرہ کی برطرفی
・正式裁判	・باضابطہ مقدمہ
・正式裁判請求	・باضابطہ مقدمہ کی درخواست
・精神鑑定	・نفسیاتی تشخیص، ماہر نفسیات کی طرف سے دماغی صلاحیت کا معائنہ
・精神障害者	・نفسیاتی طور پر ابتر شخص
・精神障害を改善する	・نفسیاتی بے ضابطگی کا علاج کرنا
・精神病	・نفسیاتی مرض
・精神病質	・نفسیاتی مرض سے متاثر شخصیت

・精神保健観察	・نفسیاتی صحت کا معائنہ
・精神保健参与員	・نفسیاتی صحت کا مشیر
・精神保健指定医	・نفسیاتی صحت کا مخصوص ڈاکٹر
・精神保健審判員	・نفسیاتی صحت کا ڈاکٹر
・精神保健判定医	・نفسیاتی صحت کے علاج کرنے والا ڈاکٹر
・精神保健福祉士	・سوشل ورکر برائے نفسیاتی صحت
・正当業務行為	・جائز کاروباری فعل
・正当防衛	・حق حفاظت خود اختیاری
・正犯	・اصلی مجرم
・正本	・مصدقہ نقل
・声紋	・آواز کی چھاپ
・政令	・کابینہ کا مجرمانہ قانون
・責任	・ذمہ داری
・責任軽減事由	・ذمہ داری کم کرنے والے موجبات
・責任阻却事由	・مجرمانہ ذمہ داری کی نفی کرنے والی وجوہات
・責任能力	・مجرمانہ ذمہ داری برداشت کرنے کی صلاحیت
・責任無能力者	・ایسا شخص،جو مجرمانہ ذمہ داری برداشت نہ کر سکے
・責任要素	・ذمہ داری متعین کرنے والے عوامل
・責問権の放棄	・ضابطے کی خلاف ورزی پر شکایت کا حق ترک کر دینا
・是正命令	・تصحیح کا حکم نامہ
・接見	・(قیدی سے) ملاقات
・接見禁止	・قیدی سے ملاقات کا امتناع
・接見交通	・قیدی سے رابطہ
・窃取	・چوری کرنا،چوری
・絶対的控訴理由	・اپیل کے لیے حتمی یا قطعی وجوہات

法律用語【さ行】

・是非弁別	・غلط یا درست کے درمیان تمیز کرنا
・前科	・مجرمانہ ریکارڈ
・前科調書	・مجرمانہ ریکارڈ کی رپورٹ
・宣告する	・فیصلہ کا اعلان کرنا
・宣誓	・حلف
・専属管轄	・اختیار بلا شرکت غیرے، حتمی اختیار
・選任決定	・سائی بان این کی تقرری
・選任予定裁判員	・سائی بان این بننے والا شخص
・訴因	・مدات جرم
・訴因変更	・مدات جرم کی تبدیلی
・訴因を明示する	・مدات جرم کی وضاحت سے تشریح کرنا
・捜査	・تفتیش
・捜査機関	・تفتیشی ادارہ، تفتیشی ایجنسی
・捜査記録	・تفتیش کا ریکارڈ
・捜索	・تلاشی
・捜索差押許可状	・تلاشی اور اشیائے شہادت کو نگرانی میں لانے کا وارنٹ (اجازت نامہ)
・捜索差押調書	・تلاشی اور اشیائے شہادت کو نگرانی میں لانے کا ریکارڈ
・捜索状	・تلاشی کے لیے وارنٹ
・捜索調書	・تلاشی کی تفصیلات کا ریکارڈ
・捜査照会回答書	・تفتیشی استفسار کا جواب
・捜査状況報告書	・تفتیشی رپورٹ
・送達する	・(دستاویز کو) بھیجنا
・送致する	・(مشکوک شخص کو) روانہ کرنا
・相当因果関係	・معقول فعل
・相当な理由	・معقول وجہ

・遡及処罰の禁止	・ایسی سزا کی ممانعت جو قانون مذکور کے نفاذ سے پیشتر نافذ العمل نہ تھی
・即時抗告	・فوری کوکوکو اپیل
・訴訟記録	・کارروائی کا ریکارڈ
・訴訟係属	・زیر تجویز قانونی کارروائی (مقدمہ)
・訴訟行為	・مقدمہ کا عمل
・訴訟指揮	・از طرف عدالت مقدمہ کی رہنمائی
・訴訟条件	・مقدمہ یا استغاثہ دائر کرنے کی شرائط
・訴訟手続	・ضابطہ کارروائی
・訴訟手続の法令違反	・کارروائی کے دوران قانون کی خلاف ورزی
・訴訟能力	・مقدمہ بھگتنے کی اہلیت
・訴訟費用	・اخراجات مقدمہ
・速記	・اسٹینوگرافی
・即決裁判手続	・فوری مقدمہ کا انتظام
・疎明	・امکانی استدلال
・疎明資料	・امکانی ثبوت
・損害賠償命令	・نقصان کے عوض کا حکم نامہ

【た　行】

・第一審	・ابتدائی عدالت، ابتدائی عدالت میں مقدمہ
・退院	・رہائی، فارغ
・退去強制令書	・جبری ملک بدری کا حکم نامہ
・大使	・سفیر
・大使館	・سفارت خانہ
・対質	・ایک گواہ کا دوسرے گواہ کے مقابل ہونا
・大赦	・عام معافی

法律用語【た行】

・対象行為	مقصود فعل ・
・対象事件	مقصود مقدمہ ・
・対象者	مقصود شخص ・
・退廷しなさい	کمرہ عدالت سے باہر جاؤ۔ ・
・退廷命令	بطور سزا کمرا عدالت چھوڑنے کا حکم ・
・逮捕	گرفتاری ・
・大法廷	(عدالت عظمیٰ کا) بڑا یا وسیع بنچ ・
・逮捕状	وارنٹ گرفتاری ・
・大麻	کیف آور دوا، حشیش ・
・大麻樹脂	بھنگ کی رال ・
・大麻草	چرس، حشیش، گانجا ・
・代用監獄	پولیس حوالات، جو جیل کے طور پر استعمال ہوتی ہو ・
・代理権	نمائندگی کا اختیار ・
・立会い	کارروائی پر حاضری ・
・弾劾証拠	کسی شہادت کی اہمیت کو کم کرنے والی مخالف شہادت ・
・嘆願書	رحم کی تحریری درخواست ・
・単独犯	کسی معاون کے بغیر ارتکاب جرم کرنے والا مجرم ・
・知的障害	ذہنی بے ضابطگی ・
・地方検察庁（地検）	ضلعی دفتر سرکاری مستغیث ・
・地方検察庁支部	ضلعی دفتر سرکاری مستغیث کی شاخ ・
・地方公共団体	علاقائی گورنمنٹ ・
・地方裁判所（地裁）	ضلعی عدالت، ڈسٹرکٹ کورٹ ・
・地方裁判所支部	ضلعی عدالت کی شاخ ・
・地方法務局	قانونی معاملات کا ضلعی بیورو ・
・注意義務	احتیاط برتنے کا فرض ・

法律用語【た行】

・中央更生保護審査会	قومی ادارہ برائے بحالی مجرمان ・
・中止犯	ایسا جرم جو تکمیل جرم سے پیشتر ارادتاً ترک یا معطل کیا جائے ・
・中止未遂	ایسی مجرمانہ کوشش جو تکمیل جرم سے پیشتر ارادتاً ترک یا معطل کی جائے ・
・懲役	قید با مشقت ・
・長期3年以上	زیادہ سے زیادہ تین سال یا اس سے زائد کا عرصہ ・
・調書	تفتیش یا مقدمہ کا ریکارڈ ・
・調書判決	مقدمہ کے ریکارڈ میں شامل تحریری فیصلہ ・
・直接証拠	بلا واسطہ شہادت ・
・陳述する	بیان دینا ・
・追完する	قانونی شرائط کا بعد ازاں پورا ہونا ・
・追起訴	مابعد کی فرد جرم، اضافی فرد جرم ・
・追徴	قرق ہونے والی شے کی عدم موجودگی میں شے کی مساوی قدر وصول کرنا ・
・追徴保全	عارضی پابندی کا حکم برائے مساوی قدر ・
・通院期間の延長	ہسپتال میں علاج کی توسیع ・
・通常逮捕	عمومی گرفتاری (گرفتاری زیر وارنٹ) ・
・通達	سرکاری ایجنسیوں کے درمیان اندرونی اطلاع نامہ ・
・通訳	مترجم (ترجمہ) ・
・付添い	ہمراہ ・
・付添人	ہمراہ کنندہ ・
・つきまとい	پیچھا کرنا ・
・罪となるべき事実	جرم مرتب کرنے والے حقائق ・
・罪を犯したことを疑うに足りる充分な理由	ارتکاب جرم کے بارے میں شک کی معقول وجہ ・
・罪を行い終わってから間がない	تکمیل جرم کے فوراً بعد ・
・連戻状	حراست میں واپس لانے کا وارنٹ ・

法律用語【た行】

・連れ戻す	・حراست میں واپس لانا
・DNA鑑定	・ڈی این اے کا معائنہ
・提出命令	・پیش کرنے کا حکم
・廷吏	・قرق امین
・撤回	・منسوخی
・電子計算機	・کمپیوٹر
・電磁的記録	・برقی مقناطیسی ریکارڈ
・伝聞供述	・افواہ پر مبنی بیان
・伝聞証拠	・افواہ پر مبنی شہادت
・伝聞法則	・افواہ سے متعلق دستور
・電話聴取書	・ٹیلیفون کے ذریعے حاصل شدہ شہادت کی رپورٹ
・同意	・رضامندی
・道義的責任	・اخلاقی ذمہ داری
・統合失調症	・اسکیزوفرینیا، فکر و عمل میں تضاد کی بیماری
・同行状	・عدالت کا بلاوا
・同行する	・ہمراہ کرنا، ساتھ جانا
・当事者	・فریق
・謄写する	・نقل کرنا
・盗聴	・اجازت کے بغیر گفتگو سننا
・答弁書	・جواب دعوی، جواب، جوابی بیان
・謄本	・مصدقہ نقل
・特殊開錠用具	・تالا کھولنے کا خاص آلہ
・特定侵入行為	・تالا خراب کر کے گھر کے اندر گھسنے کا عمل
・特に信用すべき情況(特信情況)	・خاص طور پر قابل اعتبار حالات، اعتبار کو تقویت دینے والے حالات
・特別抗告	・خاص کو کو اپیل

・特別弁護人	・مخصوص وکیل صفائی
・土地管轄	・علاقائی دائرہ اختیار
・都道府県公安委員会	・پریفیکچر کا دفتر برائے حفاظت عامہ
・取り消す	・منسوخ (کالعدم) کرنا، منسوخ (رفع) کرنا
・取り下げる	・واپس لینا
・取り調べる	・پوچھ گچھ کرنا، معائنہ کرنا
・トルエン	・ٹولوئن

【な　行】

・内閣府	・کابینہ آفس
・捺印	・مہر ثبت کرنا
・二重の危険	・دہرا خطرہ
・日本司法支援センター(法テラス)	・جاپان لیگل سپورٹ آفس
・入院	・ہسپتال میں داخل ہونا
・入院継続の確認	・ہسپتال میں داخلہ کا تصدیق
・入院によらない医療	・ہسپتال میں داخل ہوئے بغیر علاج کرنا
・入院を継続する	・ہسپتال میں داخلہ جاری رکھنا
・入国	・ملک میں داخل ہونا
・入国管理局	・(علاقائی) محکمہ آبادکاری، امیگریشن بیورو
・入国管理局出張所	・محکمہ آبادکاری کی شاخ، برانچ آفس
・入国管理センター	・امیگریشن سینٹر
・入国者収容所	・محکمہ آبادکاری کی حراست گاہ
・入国審査官	・امیگریشن انسپیکٹر
・入国手続	・ملک (جاپان) میں داخلہ کا طریقہ کار
・任意性	・رضاکارانہ حیثیت

法律用語【な・は行】

・任意捜査	ملزم وغیرہ کی رضامندی لے کر تفتیش کرنا ۔
・任意提出書	رضاکارانہ طور پر شہادتی مواد پیش کرنے کا فارم ۔
・任意的弁護事件	وہ مقدمہ اس میں وکیل صفائی کی حاضری ضروری نہیں ۔
・任意同行	رضاکارانہ طور پر پولیس والے کے ساتھ چلنا ۔
・脳挫傷	دماغی نقصان، دماغ کی چوٹ ۔

【は　行】

・売春	عصمت فروشی ۔
・売春周旋	عصمت فروشی کی دلالی ۔
・陪席裁判官	شریک جج ۔
・破棄移送	ابتدائی فیصلے کو منسوخ کرنا اور دوسری ذیلی عدالت سے سماعت کروانا ۔
・破棄差戻し	ابتدائی فیصلے کو منسوخ کرنا اور ابتدائی عدالت سے دوبارہ سماعت کروانا ۔
・破棄自判	ابتدائی فیصلہ کالعدم کرنے کے بعد اپیل کورٹ کا نیا فیصلہ دینا ۔
・破棄する	ذیلی عدالت کے فیصلہ کو منسوخ کرنا ۔
・破棄判決	پہلے فیصلے کو منسوخ کرنے والا فیصلہ ۔
・罰金	جرمانہ ۔
・ハッシシ（ハッシシュ）	حشیش ۔
・罰条	سزا مقرر کرنے والی قانونی مدیں ۔
・犯意	مجرمانہ نیت ۔
・判決	فیصلہ ۔
・判決書	فیصلہ کی دستاویز ۔
・判決に影響を及ぼすことが明らか	فیصلہ پر یقیناً اثر انداز ہونے والا ۔
・判決の宣告	فیصلہ کا اعلان ۔
・判決理由	فیصلہ کے دلائل، منطق ۔
・犯行	ارتکاب جرم ۔

法律用語【は行】

・犯罪	۔ جرم
・犯罪行為を組成した物（犯罪組成物件）	۔ وہ شے جو جرم کے اجزائے ترکیبی میں شامل ہو
・犯罪事実	۔ جرم کے حقائق جو جرم کے اجزائے ترکیبی ہوں
・犯罪収益	۔ جرم میں منافع
・判事	۔ جج
・判示する	۔ فیصلہ میں نشان دہی کرنا
・判事補	۔ نائب جج
・反証	۔ جوابی شہادت
・犯情	۔ جرم کے حالات
・反則金	۔ انتظامی جرمانہ
・反対尋問	۔ جرح
・判例	۔ عدالتی نظیر، قانونی نظیر
・判例違反	۔ عدالتی نظیر کی خلاف ورزی
・判例変更	۔ عدالتی نظیر میں ترمیم
・犯歴	۔ جرائم کا ریکارڈ
・被害者	۔ مظلوم، ضرب (زخم) رسیدہ فریق
・被害者還付	۔ مظلوم کو اس کی املاک واپس کرنا
・被害者参加人	۔ مجرمانہ کارروائی میں شریک مظلوم
・被害者参加弁護士	۔ مجرمانہ کارروائی میں وکیل برائے مظلوم
・被害者特定事項	۔ مظلوم کی نجی معلومات
・被害届	۔ وقوعہ کی رپورٹ، مظلوم کی رپورٹ
・被疑者	۔ مشتبہ
・非供述証拠	۔ بیان کے سوا دیگر اشیائے شہادت
・非行	۔ کجروی، بے راہ رویہ

法律用語【は行】

・被告事件	・فوجداری مقدمہ
・被告人	・الزام علیہ، فوجداری مقدمہ کا مدعا علیہ
・被告人の退廷	・ملزم کو کمرا عدالت سے باہر لے جانا
・被収容者	・حراست شدہ شخص
・非常上告	・غیر معمولی جوکو اپیل
・左陪席裁判官	・بائیں نشست پر بیٹھا شریک جج
・ピッキング用具	・پکنگ کے آلات
・筆跡	・دستی تحریر
・必要的弁護事件	・ایسا جرم جس کی پیروی میں وکیل صفائی کی حاضری ضروری ہو
・必要的保釈	・حق ضمانت پر مبنی رہائی
・ビデオリンク	・وڈیو لنک کا نظام
・秘匿決定	・مظلوم کی نجی معلومات مخفی رکھنا
・否認	・انکار
・評議	・بحث
・評決	・فیصلہ
・被略取者	・اغوا شدہ شخص
・不意打ち	・اچانک حملہ
・附加［付加］刑	・اضافی سزا
・不可抗力	・غیر قابل مزاحمت قوت
・不可罰的事後行為	・ارتکاب جرم کے بعد کا ناقابل سزا مجرمانہ فعل
・不起訴処分	・فوجداری مقدمہ قائم نہ کرنے کا فیصلہ
・副検事	・نائب مستغیث
・不告不理の原則	・استغاثہ کے بغیر سماعت نہ ہونے کا اصول
・不作為犯	・نیتاً غفلت سے سرزد ہونے والا جرم
・婦人補導院	・دفتر رہنمائی برائے خواتین

・不選任の決定	・سائی بان این نہ مقرر کرنے کا فیصلہ
・物的証拠	・غیر شخصی اشیائے شہادت
・不定期刑	・سزائے قید بغیر تعین مدت
・不適格事由	・سائی بان این کے کام کرنے میں نا اہلیت کی وجوہات
・不同意	・نامنظوری
・不当逮捕	・غیر قانونی گرفتاری
・不能犯	・ارتکاب جرم کی سعی لا حاصل
・不服申立て	・اعتراض دائر کرنے کے لیے درخواست گزارنا
・部分判決	・جزوی فیصلہ
・不法在留	・غیر قانونی قیام
・不法残留	・مدت قیام ختم ہونے کے بعد غیر قانونی قیام، زائد قیام
・不法入国	・غیر قانونی داخلہ (آمد)
・不法領得の意思	・دوسرے کی اشیاء کو استعمال کرنے یا چوری کرنے کی نیت
・不利益な事実の承認	・اپنے مفاد کے خلاف کسی حقیقت کا اعتراض
・不利益変更の禁止	・اپیل کورٹ کے فیصلہ میں مدعا علیہ کو نقصان پہنچانے والی ترمیم کی ممانعت
・併科する	・قید اور جرمانے کی ایک ساتھ شروع ہونے والی سزائیں دینا
・併合決定	・مختلف مقدمات کے اشتمال کا حکم
・併合罪	・اشتمال الزامات
・併合する	・اشتمال کرنا
・別件逮捕	・عذر یا حیلے سے حراست میں لینا
・別の合議体による裁判所	・الگ ارکان پر مشتمل عدالت
・弁解録取書	・مشکوک شخص کا بیان (ذاتی وضاحت کے لیے)
・弁護士	・پیشہ ور وکیل، وکیل
・弁護士会	・بار ایسوسی ایشن

・弁護人	وکیل صفائی ・
・弁護人依頼権	وکیل کرنے کا حق ・
・弁護人選任権	وکیل صفائی مقرر کرنے کا حق ・
・変造	ترمیم، تبدیلی ・
・弁論	زبانی کارروائی، اختتامی دلائل ・
・弁論再開	زبانی کارروائی کا دوبارہ آغاز ・
・弁論終結	زبانی کارروائی کا اختتام ・
・弁論能力	زبانی دلائل دینے کی اہلیت ・
・弁論分離	زبانی کارروائی کی تفریق ・
・弁論併合	زبانی کارروائی کا اشتمال (اجتماع) ・
・弁論要旨	وکیل صفائی کے اختتامی دلائل کا خلاصہ ・
・防衛の意思	دفاع ذات کی نیت ・
・包括一罪	مختلف جرائم کو واحد جرم قرار دینا ・
・謀議	سازش ・
・防御権	دفاع کا حق ・
・暴行	حملہ، تشدد ・
・傍受	(برقی مراسلہ کو) راہ میں پکڑ لینا ・
・幇助する	معاونت کرنا، مدد دینا، سہولت دینا ・
・幇助犯	معقون جرم، سہولت مہیا کرنے والا مجرم ・
・法人	قانونی شخص، کارپوریشن ・
・傍聴席	عدالت میں ناظرین کی نشستیں ・
・傍聴人	ناظرین ・
・法廷	عدالت، کمرہ عدالت ・
・法定刑	قانون میں مقرر کردہ سزا ・
・法廷警察権	عدالت میں نظم و ضبط قائم رکھنے کا اختیار ・

・法定代理人	قانونی نمائندہ ・
・法定手続の保障	قانون کی درست عمل داری کی ضمانت ・
・冒頭陳述	مستغیث کی طرف سے افتتاحی بیان ・
・法の不知	قانون سے لاعلمی ・
・法の下の平等	قانون کی نظر میں مساوات (یکسانیت) ・
・方法の錯誤	ذرائع کی غلطی ・
・法務局	قانونی معاملات کا بیورو ・
・法務省	وزارت انصاف ・
・法律	قانون، ضابطہ، ایکٹ ・
・法律上の減軽	قانون کے تحت سزا میں کمی ・
・法律の錯誤	قانون کے بارے میں غلط فہمی ・
・法律の適用	قانون کا اطلاق ・
・法律審	قانون کی نظر ثانی کرنے والی عدالت ・
・暴力団	جرائم پیشہ گروہ ・
・法令	قانون اور فرمان ・
・法令適用の誤り	قانون یا فرمان کے اطلاق میں غلطی ・
・保護観察	آزمائشی نگہداشت ・
・保護観察官	افسر نگہبانی ・
・保護観察所	دفتر نگہبانی ・
・保護司	رضاکار نگہبان ・
・保護者	نگران ・
・保護法益	سماجی استحقاق جن کی قانون ضمانت دیتا ہو ・
・保護命令	تحفظ کا حکم نامہ ・
・保佐監督人	محافظ کا نگران ・
・補佐人	مدعا علیہ کا معاون کوئی فرد ・

・保佐人	محافظ ・
・保釈	رہائی بر ضمانت، ضمانت ・
・保釈取消し	تنسیخ ضمانت ・
・保釈保証金	زر ضمانت ・
・補充員	کمیٹی برائے استغاثہ کی تفتیش میں ضمنی رکن ・
・補充裁判員	ضمنی سائی بان این ・
・補充書	اضافت، تتمہ ・
・補助監督人	نائب نگران ・
・補助人	معاون ・
・没取	ضبطی ・
・没収する	ضبط کرنا ・
・没収保全	قرقی کے لیے عارضی پابندی کا حکم ・
・ポリグラフ検査	پولی گراف ٹیسٹ ・
・本籍	وہ مقام جہاں خاندانی رجسٹر ہو ・

【ま　行】

・麻薬	منشیات ・
・麻薬常習者	منشیات کا عادی ・
・マリファナ	چرس ・
・右陪席裁判官	دائیں نشست پر بیٹھا شریک جج ・
・未決勾留	تحویل، ・
・未遂	ارتکاب جرم کی کوشش ・
・未成年者	نابالغ ・
・密売者	غیر قانونی اشیاء بیچنے والا ・
・密輸出	غیر قانونی برآمد ・

法律用語【ま・や行】

・密輸入	・غیر قانونی درآمد
・未必の故意	・جرم کی ناپختہ نیت
・身分犯	・حیثیتی جرم، ایسا جرم جس کا ارتکاب مجرم کی حیثیت پر منحصر ہو
・無期懲役	・لامحدود (تاحیات) قید بامشقت
・無罪	・بے گناہی، بے قصوری
・無罪の推定	・بے گناہی کا قیاس
・無銭飲食	・ریسٹورنٹ میں پیسہ دیے بغیر کھانا پینا
・無断退去者	・بغیر اجازت کے ہسپتال سے فارغ ہونے والا شخص
・無賃乗車	・ذرائع آمدورفت بلاٹکٹ استعمال کرنا
・無能力者	・نااہل شخص
・酩酊	・بدمستی، مدہوشی
・命令	・حکم
・免訴	・خارجی وجوہات کی بنیاد پر رہائی
・毛髪鑑定	・بالوں کے نمونہ کا ٹیسٹ
・黙秘権	・خاموشی اختیار کرنے کا حق

【や　行】

・薬物犯罪収益	・منشیات کے جرم سے متعلق منافع
・やむを得ずにした行為	・اٹل (ناگزیر) ضرورت کے تحت فعل
・誘引	・ترغیب
・有期懲役	・محدود مدت کی قید بامشقت
・有罪	・مجرم ٹھہرانا، گناہ
・宥恕	・معافی، چشم پوشی
・誘導尋問	・سوال المقصود، ہدایتی سوال
・ゆすり	・افشاء راز کی دھمکی دے کر پیسہ وصول کرنا

法律用語【や・ら行】

・予見可能性	۔ پیش بینی کے امکانات
・余罪	۔ جرم جو فرد جرم میں غیر مذکور ہے
・予断排除	۔ تعصب سے پہلو تہی، تعصب کے اخراج کا اصول
・予備	۔ ارتکاب جرم کی تیاری
・呼出状	۔ وارنٹ برائے طلبی
・呼び出す	۔ طلب کرنا
・予備的訴因	۔ اضافی نکتہ جرم

【ら　行】

・立証趣旨	۔ ثبوت سے مراد
・立証する	۔ ثابت کرنا
・立証責任	۔ بار ثبوت
・略式手続	۔ سرسری کارروائی (ضابطہ)
・略式命令	۔ سرسری حکم
・略取	۔ (زبردستی) اغوا
・留置施設	۔ ادارہ حوالات
・理由のくいちがい	۔ فیصلے کے موجبات میں تضاد
・理由の不備	۔ ناکافی وجوہات
・理由を示さない不選任の請求	۔ وجہ دیے بغیر سائی بان این نہ مقرر کرنے کی درخواست
・量刑	۔ سزا رسائی، سزا دہندگی
・量刑不当	۔ نامناسب سزا
・領事	۔ قونصل
・領事館	۔ قونصل خانہ
・領収書	۔ رسید، وصولی
・領置	۔ اشیائے ثبوت بحفاظت رکھنا

法律用語【ら・わ行】

・領置調書	・حفاظت میں رکھی گئی اشیائے ثبوت کا ریکارڈ
・両罰規定	・ملازم کی غیر قانونی حرکت پر مالک کو بھی سزا دینے کا اصول
・旅券（パスポート）	・پاسپورٹ
・輪姦	・ایک عورت سے ایک سے زیادہ افراد کا زنا بالجبر
・臨検	・موقع ملاحظہ، معائنہ
・臨床尋問	・بیمار یا زخمی کے پاس جا کر پوچھ گچھ (کرنا)
・類推解釈	・قیاس
・累犯	・تکرار جرم
・令状	・عدالتی حکم نامہ، رٹ، وارنٹ
・連行する	・پولیس اسٹیشن پر لے جانا
・労役場留置	・اجرت کی جگہ پر حراست
・録音	・سمعی ریکارڈنگ
・録取（する）	・ریکارڈ کرنا، ضبط تحریر میں لانا
・論告	・مستغیث کا اختتامی بیان، اختتامی دلائل
・論告要旨	・مستغیث کے اختتامی دلائل کا خلاصہ

【わ　行】

・わいせつ	・فحاشی
・わいろ	・رشوت
・和解	・تصفیہ، صلاح

第2章　法令名

【あ　行】

- あへん法　　　　　　　　　　　　　　　　　　　　قانون متعلقہ افیون
- 医師法　　　　　　　　　　　　　　　　　　　پیشہ ور ڈاکٹروں کا قانون
- 意匠法　　　　　　　　　　　　　　　　　　　　ڈیزائن کے تحفظ کا قانون
- 印紙等模造取締法　　　　　　　　　　　　مالی ٹکٹوں کی نقل پر قابو پانے کا قانون
- 印紙犯罪処罰法　　　　　　　　　　　　مالی ٹکٹوں سے متعلقہ جرائم کی سزا کا قانون
- インターネット異性紹介事業　　انٹرنیٹ کے ذریعے جنس مخالف سے ملاقات کروانے والے کام کا
  を利用して児童を誘引する行　　فائدہ اٹھا کر نابالغان اصرار کرنے پر پابندی سے متعلق قانون
  為の規制等に関する法律
- 恩赦法　　　　　　　　　　　　　　　　　　　　　　　　قانون معافی

【か　行】

- 外国ニ於テ流通スル貨幣紙幣　　　　　　　　غیر ملکی جعلی کرنسی سے متعلق قانون
  銀行券証券偽造変造及模造ニ
  関スル法律（外貨偽造法）
- 外国為替及び外国貿易法（外　　غیر ملکی زر مبادلہ اور غیر ملکی تجارت کنٹرول کرنے کا قانون
  為法）
- 外国裁判所ノ嘱託ニ因ル共助法　　غیر ملکی عدالتوں کو قانونی معاونت فراہم کرنے کا قانون
- 外国人漁業の規制に関する法律　　　غیر ملکیوں کی ماہی گیری کو منظم کرنے کا قانون
- 外国人登録法　　　　　　　　　　　　　غیر ملکیوں کی رجسٹریشن کا قانون
- 海洋汚染等及び海上災害の防　　　بحری آلودگی اور بحری حادثات کی روک تھام کا قانون
  止に関する法律
- 海上交通安全法　　　　　　　　　　　　بحری آمدورفت کے تحفظ کا قانون

・海上衝突予防法	・سمندر میں ٹکراؤ سے بچت کا قانون
・火炎びんの使用等の処罰に関する法律	・شیشے کی بوتل سے بنائے گئے گرینیڈ کے استعمال پر سزا کا قانون
・覚せい剤取締法	・ہیجان انگیز اشیاء کے کنٹرول کا قانون
・貸金業法	・پیسے کے ادھار کے کاروبار کا قانون
・火薬類取締法（火取法）	・دھماکہ خیز مادے کے کنٹرول کا قانون
・関税定率法	・کسٹم محصول کا قانون
・関税法	・قانون گمرگ، قانون کسٹم
・漁業法	・قانون ماہی گیری
・漁船法	・ماہی گیری کی کشتیوں کا قانون
・銀行法	・بینک کا قانون
・金融商品取引法	・مالیاتی کاروبار اور مبادلہ کا قانون
・警察官職務執行法（警職法）	・قانون متعلقہ ادائیگی فرائض پولیس
・警察法	・قانون پولیس (ضابطہ پولیس)
・刑事確定訴訟記録法	・حتمی فیصلہ شدہ فوجداری مقدمہ کی دستاویزات کا قانون
・刑事収容施設及び被収容者等の処遇に関する法律	・فوجداری حوالات اور قیدی کے سلوک سے متعلق قانون
・刑事訴訟規則（刑訴規則）	・اصول ضابطہ فوجداری
・刑事訴訟費用等に関する法律	・فوجداری ضابطہ پر اٹھنے والے اخراجات کا قانون
・刑事訴訟法（刑訴法）	・ضابطہ فوجداری
・刑事補償法	・فوجداری قانون میں ادائیگی معاوضہ
・競馬法	・گھڑدوڑ کا قانون
・軽犯罪法	・خفیف جرائم کا قانون
・刑法	・ضابطہ تعزیرات
・検察審査会法	・سرکاری مستغیث کی نگران کمیٹی کا قانون

・検察庁法	・ دفتر سرکاری مستغیث سے متعلق قانون
・航空機の強取等の処罰に関する法律	・ ہوائی جہاز کے غیر قانونی طور پر قبضہ کے بارے میں سزا کا قانون
・航空の危険を生じさせる行為等の処罰に関する法律	・ ہوائی سفر میں خطرہ پیدا کرنے والے اقدامات کی سزا کا قانون
・更生保護事業法	・ فارغ شدہ مجرمان کی نگہداشت کا قانون
・更生保護法	・ قانون بحالی مجرمان
・国際受刑者移送法	・ مجرم کی بین الاقوامی تبدیلی کا قانون
・国際人権規約	・ حقوق انسانی سے متعلق بین الاقوامی عہد نامہ
・国際捜査共助等に関する法律	・ تفتیش میں بین الاقوامی معاونت وغیرہ سے متعلق قانون
・国際的な協力の下に規制薬物に係る不正行為を助長する行為等の防止を図るための麻薬及び向精神薬取締法等の特例等に関する法律（麻薬特例法）	・ بین الاقوامی تعاون کے ذریعے سرکاری نگرانی میں رکھی ہوئی ادویات کے متعلق غیر قانونی سرگرمیوں کو اکسانے والے اعمال کو روکنے کے لیے بنائے گئے قانون، یعنی منشیات اور دیگر ذہن کو متاثر کرنے والی ادویات سے متعلقہ قانون کی خصوصی شقوں کا قانون
・国籍法	・ قانون قومیت
・戸籍法	・ خاندانی رجسٹریشن کا قانون

【さ　行】

・裁判員の参加する刑事裁判に関する法律	・ سائی بان این والے فوجداری مقدمہ سے متعلق قانون
・裁判員の参加する刑事裁判に関する規則	・ سائی بان این والے فوجداری مقدمہ سے متعلق ضابطہ
・裁判所法	・ عدالتی تنظیم کا قانون

法令名【さ行】

・酒に酔って公衆に迷惑をかける行為の防止等に関する法律	・شرابی افراد کے باعث تکلیف افعال کی روک تھام سے متعلق قانون
・自転車競技法	・بائیسکل دوڑ کا قانون
・自動車損害賠償保障法	・بصورت حادثہ ڈرائیور سے تلافی کروانے کا قانون
・自動車の保管場所の確保等に関する法律	・موٹروں کو محفوظ رکھنے کی جگہ سے متعلق قانون
・児童福祉法	・قانون بہبود اطفال
・児童買春，児童ポルノに係る行為等の処罰及び児童の保護等に関する法律	・اطفال کی عصمت فروشی اور اطفال کے فحاشی ادب پر سزا دہی اور اطفال کے تحفظ وغیرہ سے متعلق قانون
・銃砲刀剣類所持等取締法（銃刀法）	・آتشیں اسلحہ اور تلواروں کو کنٹرول کرنے کا قانون
・出資の受入れ，預り金及び金利等の取締りに関する法律	・امدادی رقوم، زر امانت اور سود کنٹرول کرنے کا قانون
・出入国管理及び難民認定法	・غیر ملکیوں کو کنٹرول کرنے اور پناہ گزیں کو تسلیم کرنے کا قانون
・少年法	・کم سن مجرموں سے متعلق قانون
・商標法	・تجارتی نشان کا قانون
・商法	・ضابطہ تجارت
・職業安定法	・قانون تحفظ ملازمت
・所得税法	・آمدنی ٹیکس کا قانون
・心神喪失等の状態で重大な他害行為を行った者の医療及び観察等に関する法律（心神喪失者等医療観察法）	・نفسیاتی دیوانگی میں جرم کنندہ کا علاج اور معائنہ سے متعلق قانون
・人身保護法	・انسانی آزادی کے تحفظ کا قانون

法令名【さ・た行】

- 森林法　　　　　　　　　　　　　　・ جنگل سے متعلق قانون
- ストーカー行為等の規制等に　　　　・ کسی شخص کا پیچھا کرنے کی کارروائی پر پابندی کا قانون
  関する法律
- 精神保健及び精神障害者福祉　　　　・ نفسیاتی صحت و نفسیاتی دیوانگی کی بہبود سے متعلق قانون
  に関する法律（精神保健法）
- 船員法　　　　　　　　　　　　　　・ ملاحوں سے متعلق قانون
- 船舶安全法　　　　　　　　　　　　・ بحری جہازوں کی حفاظت کا قانون
- 船舶職員及び小型船舶操縦者法　　　・ بحری جہاز کے عملے اور چھوٹی کشتی چلانے کا قانون
- 船舶法　　　　　　　　　　　　　　・ بحری جہاز کا قانون
- 組織的な犯罪の処罰及び犯罪　　　　・ منظم جرم پر سزادہی اور جرم سے منافع پر پابندی سے متعلق قانون
  収益の規制等に関する法律

【た　行】

- 大麻取締法　　　　　　　　　　　　・ بھنگ کنٹرول ایکٹ، حشیش کنٹرول ایکٹ
- 著作権法　　　　　　　　　　　　　・ قانون حق تصنیف
- 通貨及証券模造取締法　　　　　　　・ نقلی کرنسی اور سیکیوریٹیز کنٹرول کا قانون
- 鉄道営業法　　　　　　　　　　　　・ ریلوے کے کاروبار کا قانون
- 電気通信事業法　　　　　　　　　　・ تار برقی سے پیغام رسائی کے کاروبار کا قانون
- 電波法　　　　　　　　　　　　　　・ لاسلکی برقی خبر رسائی کا قانون
- 盗犯等ノ防止及処分ニ関スル　　　　・ چوری اور ڈکیتی کی روک تھام اور اس کی سزا سے متعلق قانون
  法律
- 逃亡犯罪人引渡法　　　　　　　　　・ غیر ملکی مجرمان کو ممالک متعلقہ کے حوالے کرنے کا قانون
- 道路運送車両法　　　　　　　　　　・ سڑکوں پر آمد و رفت کا قانون
- 道路交通法（道交法）　　　　　　　・ ٹریفک کا قانون

法令名【た・な・は行】

・特殊開錠用具の所持の禁止等に関する法律	・تالا کھولنے کا خاص آلات وغیرہ رکھنے پر پابندی کا قانون
・特定商取引に関する法律	・مخصوص تجارتی کاروبار کا قانون
・毒物及び劇物取締法（毒劇法）	・زہریلے اور خطرناک مادے کے کنٹرول کا قانون
・都道府県条例	・آرڈیننس متعلقہ پریفیکچرز

【な　行】

・成田国際空港の安全確保に関する緊急措置法	・ناریتا بین الاقوامی ہوائی اڈے میں حفاظت سے متعلق ہنگامی اقدامات کا قانون
・日本国憲法（憲法）	・آئین جاپان
・日本国とアメリカ合衆国との間の相互協力及び安全保障条約第6条に基づく施設及び区域並びに日本国における合衆国軍隊の地位に関する協定の実施に伴う刑事特別法（刑特法）	・خصوصی فوجداری قانون متعلقہ اطلاق معاہدہ زیر دفعہ ۶ معاہدہ امداد باہمی مابین جاپان اور ریاستہائے متحدہ امریکہ متعلق بہ سہولیات و مقامات اور جاپان میں امریکی مسلح افواج کی حیثیت

【は　行】

・廃棄物その他の物の投棄による海洋汚染の防止に関する条約	・پیمان متعلقہ امتناع بحری آلودگی واخراج آلودگی و دیگر مادہ
・廃棄物の処理及び清掃に関する法律（廃棄物処理法）	・گندگی کا انتظام اور عوامی صفائی کا قانون

・配偶者からの暴力の防止及び被害者の保護に関する法律	・شریک زندگی کے تشدد کے انسداد اور مظلوم کے تحفظ سے متعلق قانون
・売春防止法	・قانون امتناع عصمت فروشی
・破壊活動防止法（破防法）	・تخریبی کارروائیوں کے امتناع کا قانون
・爆発物取締罰則	・دھماکہ خیز مواد کے کنٹرول کا ایکٹ
・罰金等臨時措置法	・قانون برائے عارضی اقدامات متعلقہ جرمانہ وغیرہ
・犯罪収益に係る保全手続等に関する規則	・جرم سے حاصل کردہ منافع پر عارضی پابندی وغیرہ سے متعلق قانون
・犯罪捜査のための通信傍受に関する法律	・بذریعہ تفتیش برقی مراسلہ راہ میں پکڑنے کا قانون
・犯罪被害財産等による被害回復給付金の支給に関する法律	・جرم سے حاصل شدہ ملکیت کی مظلوم کو تقسیم سے متعلق قانون
・犯罪被害者等の権利利益の保護を図るための刑事手続に付随する措置に関する法律（犯罪被害者等保護法）	・مظلوم کے حقوق کے تحفظ کے سلسلے میں فوجداری کارروائی سے متعلق قانون
・被疑者補償規程	・مشتبہ کو معاوضہ دینے کا ضابطہ
・人の健康に係る公害犯罪の処罰に関する法律（公害罪法）	・انسانی صحت سے متعلق ماحولیاتی آلودگی پر سزادہی کا قانون
・風俗営業等の規制及び業務の適正化等に関する法律（風営法）	・تفریحی کاروبار کے کنٹرول اور بہتری سے متعلق قانون
・武器等製造法	・قانون برائے ساخت ہتھیار، قانون برائے ہتھیار سازی
・不正競争防止法	・قانون امتناع غیر منصفانہ مقابلہ

・法廷等の秩序維持に関する法律	・عدالت میں امن وامان برقرار رکھنے کے بارے میں قانون
・暴力行為等処罰ニ関スル法律	・جبر اور تشدد کے افعال کی سزا کا قانون

【ま　行】

・麻薬及び向精神薬取締法（麻取法）	・منشیات اور ذہن کو متاثر کرنے والی دوا سے متعلق قانون
・民事訴訟法	・ضابطہ مقدمہ دیوانی
・民法	・ضابطہ دیوانی
・モーターボート競走法	・پیشہ ورانہ موٹر کشتی دوڑ کا قانون

【や　行】

・薬物犯罪等に係る保全手続等に関する規則	・منشیات سے متعلق جرم وغیرہ میں عارضی پابندی کا قانون
・有線電気通信法	・برقی تار کے ذریعے پیغام رسانی سے متعلق قانون
・郵便切手類模造等取締法	・نقلی ڈاک ٹکٹوں کے کنٹرول کا قانون
・郵便法	・قانون متعلقہ ڈاک

【ら　行】

・領海及び接続水域に関する法律	・سمندری حدود اور متصل سمندری علاقہ جات سے متعلق قانون
・領事関係に関するウィーン条約	・سفارتی تعلقات کے بارے میں وی آنا کا میثاق
・旅券法	・قانون پاسپورٹ
・労働基準法	・مزدوری کے معیار کا قانون

第3章　罪名

【あ　行】

・あへん煙吸食器具輸入（製造，販売，所持）罪	・افیون نوشی کے لوازمات کی درآمد (پیداوار، فروخت، قبضہ)
・あへん煙吸食罪	・افیون نوشی
・あへん煙吸食場所提供罪	・افیون نوشی کے لیے سہولیات مہیا کرنا
・あへん煙等所持罪	・قابل نوشیدن افیون کا قبضہ میں ہونا
・あへん煙輸入（製造，販売，所持）罪	・قابل نوشیدن افیون کی درآمد (پیداوار، فروخت، قبضہ)
・あへん法違反（所持，譲渡，譲受，使用，輸入）	・قانون افیون کی خلاف ورزی (قبضہ، ترسیل، حصول، استعمال، درآمد)
・遺棄罪	・حفاظتی ذمہ داری سے دست برداری، کنارہ کشی
・遺棄等致死罪	・ایسی دست برداری جس کے نتیجہ میں موت واقع ہو جائے
・遺棄等致傷罪	・ایسی دست برداری جس کے نتیجہ میں زخم کاری واقع ہو جائے
・遺失物等横領罪	・گمشدہ چیز پر تصرف بے جا کرنا
・威力業務妨害罪	・کاروبار میں بالجبر مداخلت کرنا
・営利目的等被略取者収受罪	・مغوی یا اغوا شدہ شخص کی تحویل کسی منفعت کے لیے قبول کرنا
・営利目的等略取（誘拐）罪	・مفاد کی خاطر اغوا کرنا
・延焼罪	・آتشزدگی کے پھلاؤ میں معاونت کرنا
・往来危険罪	・ٹریفک میں خطرہ پیدا کرنا
・往来危険による艦船転覆（沈没，破壊）罪	・بحری آمد و رفت میں بحری جہاز کو پھنسانا (ڈبونا، نقصان پہنچانا)
・往来危険による汽車転覆（破壊）罪	・ریل کی پٹڑی کو گاڑیوں کی آمد و رفت میں خطرہ پیدا کرنے کے لیے اکھاڑنا (تباہ کرنا)
・往来妨害罪	・ٹریفک میں رکاوٹ پیدا کرنا
・往来妨害致死罪	・ٹریفک میں رکاوٹ پیدا کر کے موت کا موجب بننا

・往来妨害致傷罪	ٹریفک میں رکاوٹ پیدا کر کے زخم کا موجب بننا ・
・横領罪	غبن، خیانت ・

【か　行】

・外国国章損壊（除去，汚損）罪	غیر ملکی قومی علامت کو برباد (دور، مسخ) کرنا ・
・外国人登録法違反（登録不申請）	غیر ملکیوں کے لیے قانون رجسٹریشن کی خلاف ورزی کرنا (نام رجسٹر کروانے میں غفلت کرنا) ・
・外国通貨偽造罪	جعلی غیر ملکی کرنسی بنانا ・
・覚せい剤取締法違反（所持，譲渡，譲受，使用，輸入）	ہیجان انگیز ادویات کے کنٹرول کے قانون کی خلاف ورزی کرنا (قبضہ، ترسیل، وصولی، استعمال، درآمد) ・
・過失往来危険罪	ایسی غفلت جو ٹریفک میں خطرہ پیدا کرے ・
・過失激発物破裂罪	ایسی غفلت جو دھماکہ خیز مواد میں دھماکہ پیدا کر دے ・
・過失建造物等浸害罪	ایسی غفلت جو طغیانی یا سیلاب کے ذریعے عمارتوں وغیرہ کے لیے خطرہ پیدا کر دے ・
・過失傷害罪	غفلت کے نتیجہ میں جسمانی ضرب ・
・過失致死罪	غفلت کے نتیجہ میں قتل انسان ・
・加重逃走罪	سنگین فرار ・
・加重封印等破棄罪	قرقی کی مہریں وغیرہ بغیر اجازت کے ہٹانا یا خراب کرنا ・
・ガス漏出罪	گیس کے اخراج کا باعث بننا ・
・ガス漏出等致死罪	گیس کے اخراج سے موت واقع ہونا ・
・ガス漏出等致傷罪	گیس کے اخراج سے زخم واقع ہونا ・
・監禁罪	غیر قانونی حراست ・
・監禁致死罪	غیر قانونی حراست کے ذریعے موت واقع ہونا ・
・監禁致傷罪	غیر قانونی حراست کے ذریعے جسمانی ضرب واقع ہونا ・
・艦船往来危険罪	بحری جہازوں کی آمد و رفت میں خطرہ پیدا کرنا ・
・偽計業務妨害罪	فریب یا دھوکہ دہی کے ذریعے کاروبار میں رکاوٹ پیدا کرنا ・
・危険運転致死罪	خطرناک ڈرائیونگ کے نتیجے میں موت ・

・危険運転致傷罪	・خطرناک ڈرائیونگ کے نتیجے میں زخم
・汽車転覆罪	・ریل گاڑی کو پٹڑی سے اتارنا
・汽車転覆等致死罪	・ریل گاڑی کو پٹڑی سے اتارنے کے نتیجہ میں موت یا زخم واقع ہونا
・偽証罪	・جھوٹا حلف، جھوٹی قسم
・偽造外国通貨行使罪	・جعلی غیر ملکی کرنسی چلانا
・偽造公文書行使罪	・جعلی سرکاری دستاویزات چلانا
・偽造私文書行使罪	・جعلی نجی دستاویزات چلانا
・偽造通貨行使罪	・جعلی کرنسی چلانا
・偽造通貨等収得罪	・جعلی کرنسی حاصل کرنا
・偽造有価証券行使罪	・جعلی سیکیورٹیز چلانا
・器物損壊罪	・اشیاء کو تباہ کرنا یا نقصان پہنچانا
・境界損壊罪	・سرحدوں کے نشانات کو برباد یا تبدیل کرنا
・恐喝罪	・استحصال بالجبر، جبریہ وصولی
・凶器準備集合（結集）罪	・خطرناک ہتھیاروں سے مسلح تیاری کے ساتھ اکھٹے ہونا
・強制執行関係売却妨害罪	・جبری سرکاری عمل سے متعلق فروخت کو روکنے کی کوشش
・強制執行行為妨害罪	・جبری سرکاری عمل سے متعلق کارروائی کو روکنے کی کوشش
・強制執行妨害罪	・جبری سرکاری عمل کو روکنے کی کوشش
・強制執行妨害目的財産現状改変罪	・جبری سرکاری عمل کو روکنے کے لیے ملکیت میں تبدیلی
・強制執行妨害目的財産損壊（隠匿）罪	・جبری سرکاری عمل کو روکنے کے لیے ملکیت کو خراب کرنا (چھپانا)
・強制執行妨害目的財産無償譲渡罪	・جبری سرکاری عمل کو روکنے کے لیے ملکیت کو مفت دوسرے کے حوالے کرنا
・強制執行申立妨害目的暴行（脅迫）罪	・جبری سرکاری عمل کو روکنے کے لیے جبر و تشدد کرنا (دھمکی دینا)
・強制わいせつ罪	・فحش فعل کے لیے مجبور کرنا
・強制わいせつ致死罪	・فحش فعل کے لیے مجبور کر کے موت واقع کرنا

・強制わいせつ致傷罪	・فحش فعل کے لیے مجبور کر کے جسمانی ضرب واقع کرنا
・脅迫罪	・دھمکی، دہشت
・業務上横領罪	・کاروبار کے دوران خیانت کرنا
・業務上過失往来危険罪	・کاروبار میں غفلت برت کر آمد و رفت میں خطرہ پیدا کرنا
・業務上過失激発物破裂罪	・پیشہ کی ادائیگی میں غفلت کے ذریعے دھماکہ خیز مواد میں دھماکہ کا موجب بننا
・業務上過失致死罪	・پیشہ ورانہ کام میں غفلت کے ذریعے موت کا باعث بننا
・業務上過失致傷罪	・پیشہ ورانہ کام میں غفلت کے ذریعے زخم کا باعث بننا
・業務上失火罪	・پیشہ ورانہ کام میں غفلت کی وجہ سے آتشزدگی
・強要罪	・جبر، زبردستی
・虚偽鑑定罪	・جھوٹی ماہرانہ رائے
・虚偽告訴罪	・جھوٹا الزام
・虚偽診断書作成罪	・جھوٹا میڈیکل سرٹیفکیٹ پیش کرنا
・激発物破裂罪	・دھماکہ خیز مواد میں دھماکہ کرنا
・現住建造物等放火罪	・رہائشی عمارت میں آتشزنی کرنا
・建造物侵入罪	・کسی عمارت میں بلا اجازت مداخلت کرنا
・建造物損壊罪	・عمارت کو نقصان پہنچانا، برباد کرنا
・建造物損壊致死罪	・عمارت کے نقصان یا بربادی کے نتیجے میں موت کا واقع ہونا
・建造物損壊致傷罪	・عمارت کے نقصان یا بربادی کے نتیجے میں زخم کا واقع ہونا
・建造物等以外放火罪	・عمارتوں کے علاوہ دیگر اشیاء کو نذر آتش کرنا
・公印偽造罪	・جعلی سرکاری مہر بنانا
・公印不正使用罪	・سرکاری مہر کا ناجائز استعمال
・強姦罪	・زنا بالجبر
・強姦致死罪	・زنا بالجبر کے نتیجے میں موت کا واقع ہونا
・強姦致傷罪	・زنا بالجبر کے نتیجے میں جسمانی چوٹ کا واقع ہونا
・公記号偽造罪	・سرکاری نشان (علامت) کی جعلسازی
・公記号不正使用罪	・سرکاری نشان کا غیر قانونی استعمال

・公契約関係競売等妨害罪	・سرکاری ٹھیکے سے متعلق نیلام کو روکنے کی کوشش
・公正証書原本等不実記載罪	・سرکاری مصدقہ (معتبر) دستاویزات میں غلط اندراج کروانا
・公然わいせつ罪	・سرعام بے حیائی
・強盗強姦罪	・ڈکیتی کے دوران زنا بالجبر کا ارتکاب کرنا
・強盗強姦致死罪	・ڈکیتی کے دوران زنا بالجبر جس سے موت واقع ہو جائے
・強盗罪	・ڈکیتی، راہ زنی
・強盗致死罪	・ڈکیتی جس کے دوران موت واقع ہو
・強盗致傷罪	・ڈکیتی جس کے دوران چوٹ واقع ہو
・強盗予備罪	・ڈکیتی کی تیاری
・公務員職権濫用罪	・سرکاری ملازم کا ناجائز استعمال اختیار
・公務執行妨害罪	・سرکاری فرائض کی انجام دہی میں رکاوٹ پیدا کرنا
・公用文書毀棄罪	・سرکاری طور پر استعمال ہونے والی دستاویزات کو تلف کرنا
・昏酔強盗罪	・نشے سے بے ہوش کرنے کے بعد ڈکیتی کرنا

【さ　行】

・裁判員の参加する刑事裁判に関する法律違反	・سائی بان این والے فوجداری مقدمہ سے متعلق قانون کی خلاف ورزی
（裁判員等に対する請託（情報提供）罪）	سائی بان این سے مقدمہ کے بارے میں درخواست کرنا یا اطلاع دینا
（裁判員等に対する威迫罪）	سائی بان این وغیرہ کو ڈرانا
（裁判員等による秘密漏示罪）	سائی بان این وغیرہ کا مقدمہ سے متعلق معلومات کا غیر قانونی انکشاف
（裁判員の氏名等漏示罪）	سائی بان این کے نام وغیرہ کا غیر قانونی انکشاف
（裁判員候補者による虚偽記載（陳述）罪）	سائی بان این کے امیدوار کا جھوٹی تحریر کرنا (بیان دینا)
・詐欺罪	・دھوکہ دہی
・殺人罪	・قتل

罪名【さ行】

・殺人予備罪	・قتل کرنے کی تیاری
・私印偽造罪	・نجی مہر کی نقل تیار کرنا
・私印不正使用罪	・نجی مہر کا ناجائز استعمال
・事後強盗罪	・مال مسروقہ رکھنے کے لیے تشدد کرنا یا دھمکی دینا
・自殺関与罪	・خودکشی میں حصہ لینا
・死体遺棄罪	・لاش کو ترک کر دینا
・死体損壊罪	・لاش کو نقصان پہنچانا، لاش کو مسخ کرنا
・失火罪	・غفلت کے نتیجے میں آتش زنی کرنا
・自動車運転過失致死罪	・بے پرواڈرائیونگ کے نتیجے میں موت
・自動車運転過失致傷罪	・بے پرواڈرائیونگ کے نتیجے میں زخم
・支払用カード電磁的記録不正作出罪	・ادائیگی کے کارڈ کے برقی مقناطیسی ریکارڈ کی ناجائز تیاری
・重過失致死罪	・انتہائی غفلت جس کے نتیجے میں موت واقع ہو
・重過失致傷罪	・انتہائی غفلت جس کے نتیجے میں چوٹ لگے
・住居侵入罪	・جائے رہائش میں بے جا مداخلت
・集団強姦罪	・اجتماعی زنا بالجبر
・収得後知情行使（交付）罪	・(نقلی یا تبدیل شدہ کرنسی) حاصل کرنے کے بعد اسے چلانا یا چلوانا
・銃砲刀剣類所持等取締法違反	・قانون کنٹرول آتشیں اسلحہ وتلوار کی خلاف ورزی
(けん銃実包譲渡)	دستی بندوق کی گولیاں ارسال کرنا
(けん銃実包所持)	دستی بندوق کی گولیاں قبضہ میں رکھنا
(けん銃実包として輸入)	دستی بندوق کی گولی کے طور پر درآمد کرنا
(けん銃実包輸入)	دستی بندوق کی گولیاں درآمد کرنا
(けん銃等加重所持)	دستی بندوق وغیرہ کا ایک سے زیادہ قبضہ
(けん銃等譲渡)	دستی بندوق وغیرہ کی ترسیل
(けん銃等所持)	دستی بندوق وغیرہ رکھنا
(けん銃等として輸入)	بطور دستی بندوق درآمد کرنا
(けん銃等発射)	دستی بندوق وغیرہ کا داغنا

(けん銃等輸入)	دستی بندوق وغیرہ درآمد کرنا
(けん銃部品として輸入)	دستی بندوق کے پرزے کی صورت میں درآمد کرنا
・出入国管理及び難民認定法違反	・غیر ملکیوں اور پناہ گزینوں کے کنٹرول ایکٹ کی خلاف ورزی
(営利目的等不法入国等援助)	منفعت وغیرہ کی خاطر ناجائز ذرائع سے جاپان میں داخل ہونے کی مدد کرنا
(寄港地上陸許可等の期間の経過)	جاپان میں نزول کا جائز عرصہ قیام گزر جانا
(収受等の予備)	غیر قانونی طور پر جاپان آنے والے کو وصول کرنا وغیرہ
(集団密航者の収受等)	غیر قانونی طور پر آنے والے غیر ملکی کو اپنی نگرانی میں رکھنا
(集団密航者を本邦に入らせ,又は上陸させる罪)	جاپان میں ناجائز داخل ہونے والوں کے ساتھ تعاون یا اشتراک کرنا
(集団密航者を本邦に向けて輸送し,又は本邦内において上陸の場所に向けて輸送する罪)	بیرون ممالک سے ناجائز ذرائع سے لوگوں کو جاپان بھجوانا یا سمندری حدود میں داخلہ کے بعد کسی مقام تک رہنمائی کرنا
(船舶等の準備及び提供)	کسی جہاز وغیرہ کو پیش کرنا اور بندوبست کرنا
(不法在留)	غیر قانونی قیام
(不法残留)	مدت قیام کے بعد غیر قانونی قیام
(不法就労助長)	غیر ملکی کو غیر قانونی طور پر ملازمت فراہم کرنا
(不法上陸)	غیر قانونی آمد
(不法入国)	غیر قانونی داخلہ
(不法入国者等蔵匿隠避)	غیر قانونی طور پر آنے والوں کو پناہ دینا یا قانون کی گرفت سے بچانا
(旅券不携帯)	اپنے پاس پاسپورٹ نہ رکھنا
・準強制わいせつ罪	・کسی کی بے ہوشی یا غفلت سے فائدہ اٹھا کر فحش عمل کرنا
・準強姦罪	・نیم زنا بالجبر
・準詐欺罪	・نیم دھوکہ
・傷害罪	・جسمانی چوٹ

・傷害致死罪	جسمانی چوٹ کے نتیجہ میں موت واقع ہونا ・
・消火妨害罪	آگ بجھانے کی کوششوں میں رکاوٹ بننا ・
・証拠隠滅罪	شہادت کا چھپانا یا تلف کرنا ・
・常習賭博罪	جوئے بازی بطور عادی ・
・常習累犯窃盗罪	عادی چور، جو پہلے بھی سزا یافتہ ہو ・
・承諾殺人罪	مظلوم کی رضامندی سے قتل کرنا ・
・証人等威迫罪	گواہ پر جبر کرنا یا دہشت پھیلانا ・
・私用文書毀棄罪	نجی استعمال کی دستاویزات تلف کرنا ・
・嘱託殺人罪	کسی کی درخواست پر اس کو قتل کرنا ・
・職務強要罪	سرکاری ملازم کو جبراً کوئی کام کرنے یا نہ کرنے پر مجبور کرنا ・
・所在国外移送目的略取罪	ملک سے باہر لے جانے کے مقصد سے اغوا ・
・信書隠匿罪	تحریری مراسلات کو چھپانا ・
・信書開封罪	تحریری مراسلات کو بلا اختیار کھولنا ・
・人身売買罪	انسان کی خرید و فروخت ・
・信用毀損罪	کسی کی مالی ساکھ کی تذلیل کرنا ・
・窃盗罪	چوری، سرقہ ・
・騒乱罪	بلوہ، ہنگامہ ・
・贈賄罪	رشوت پیش کرنا ・

【た　行】

・逮捕罪	غیر قانونی پابندی میں رکھنا ・
・逮捕致死罪	ایسی موت، جو غیر قانونی پابندی کے نتیجہ میں واقع ہو ・
・逮捕致傷罪	ایسی چوٹ، جو غیر قانونی پابندی کے نتیجہ میں واقع ہو ・
・大麻取締法違反（所持，譲渡，譲受，使用，輸入）	حشیش کنٹرول قانون کی خلاف ورزی (قبضہ، ترسیل، وصولی، استعمال، درآمد) ・
・多衆不解散罪	مشترکہ ہونے سے انحراف کرنا ・
・談合罪	سرکاری نیلام میں دھاندلی کرنے کی سازش ・

・通貨偽造罪	・جعلی کرنسی بنانا
・通貨偽造等準備罪	・جعلی کرنسی بنانے کی تیاری کرنا
・電子計算機使用詐欺罪	・کمپیوٹر پر دھوکہ دہی (فراڈ) کرنا
・電子計算機損壊等業務妨害罪	・کمپیوٹر کو تلف کر کے کاروبار میں رخنہ اندازی کرنا
・電磁的記録不正作出罪	・غیر قانونی طور پر برقی مقناطیسی ریکارڈ مرتب کرنا
・電磁的公正証書原本不実記録罪	・غیر قانونی طور پر برقی مقناطیسی اصل رجسٹری میں جھوٹی اندراج
・逃走援助罪	・فرار میں معاونت کرنا
・逃走罪	・فرار
・盗品運搬（保管，有償譲受け，有償処分あっせん）罪	・سرقہ مال (چوری کے مال) کی ترسیل (ذخیرہ کرنا، خریدنا، دلالی کرنا)
・盗品無償譲受け罪	・معاوضہ ادا کیے بغیر چوری کے مال پر قبضہ جمانا
・動物傷害罪	・غیر کے مویشیوں کو نقصان پہنچانا یا موت کے گھاٹ اتارنا
・特別公務員職権濫用罪	・مخصوص سرکاری افسر کا ناجائز استعمال اختیار
・特別公務員職権濫用等致死罪	・مخصوص سرکاری افسر کا ناجائز استعمال اختیار جس کے نتیجہ میں موت واقع ہو
・特別公務員職権濫用等致傷罪	・مخصوص سرکاری افسر کا ناجائز استعمال اختیار جس کے نتیجہ میں چوٹ واقع ہو
・特別公務員暴行陵虐罪	・مخصوص سرکاری افسر کی طرف سے حملہ یا ظلم
・賭博罪	・جوا
・賭博場開帳等図利罪	・منافع کی خاطر جوا خانہ کھولنا (قائم کرنا)
・富くじ発売罪	・لاٹری کے ٹکٹوں کی بلا اختیار فروخت

【は　行】

・売春防止法違反（勧誘，客待ち）	・امتناع عصمت فروشی کے قانون کی خلاف ورزی (ترغیب دینا، گاہک تلاش کرنا)
・背任罪	・خیانت مجرمانہ

・犯人隠避罪	・مجرم کو فرار کے قابل کرنا (مدد دینا)
・犯人蔵匿罪	・مجرم کو پناہ دینا
・非現住建造物等放火罪	・غیر آباد مقام میں جرم آتش زنی کرنا
・被拘禁者奪取罪	・زیر حراست شخص کو لے جانا (چھڑا لینا)
・秘密漏示罪	・راز افشا کرنا
・被略取者引渡し（収受，輸送，蔵匿，隠避）罪	・مغوی یا اغوا شدہ شخص کو دوسرے کے حوالے کرنا (وصول کرنا، دور سی جگہ بھیجنا، چھپانا، پولیس کی گرفت سے بچانا)
・封印等破棄罪	・سرکاری مہر کو غیر قانونی طور پر تلف کرنا
・不実記録電磁的公正証書原本供用罪	・جھوٹی ریکارڈ پر مشتمل برقی مقناطیسی اصل رجسٹری کو استعمال میں لانا
・侮辱罪	・تحقیر، توہین زبانی، بدنام کرنا
・不正作出電磁的記録供用罪	・غیر قانونی طور پر تیار شدہ برقی مقناطیسی ریکارڈ کو استعمال میں لانا
・不正指令電磁的記録供用罪	・ناجائز ہدایت دینے والے برقی مقناطیسی ریکارڈ کو استعمال میں لانا
・不正指令電磁的記録作成（提供）罪	・ناجائز ہدایت دینے والا برقی مقناطیسی دیکارڈ تیار کرنا (فراہم کرنا)
・不正指令電磁的記録取得（保管）罪	・ناجائز ہدایت دینے والا برقی مقناطیسی ریکارڈ لینا (رکھنا)
・不正電磁的記録カード所持罪	・ناجائز برقی مقناطیسی ریکارڈ پر مشتمل کارڈ رکھنا
・不退去罪	・روانہ ہونے سے انکار کرنا
・不動産侵奪罪	・جائیداد پر غیر قانونی قبضہ جمانا
・放火予備罪	・آتش زدگی کی تیاری
・暴行罪	・حملہ
・保護責任者遺棄罪	・قانونی ولی کی طرف سے ترک نابالغ
・保護責任者遺棄致死罪	・قانونی ولی کی طرف سے دست برداری جس کے نتیجہ میں موت واقع ہو
・保護責任者遺棄致傷罪	・قانونی ولی کی طرف سے دست برداری جس کے نتیجہ میں چوٹ واقع ہو

【ま　行】

・未成年者略取（誘拐）罪	・اغوائے نابالغ
・身の代金目的被略取者収受罪	・تاوان کے لیے مغوی کو وصول کرنا
・身の代金目的略取罪	・اغوا برائے تاوان
・身の代金目的略取等予備罪	・اغوا برائے تاوان کی تیاری کرنا
・身の代金要求罪	・تاوان طلب کرنا
・無印公文書偽造罪	・جعلی سرکاری دستاویز (جس پر مہر لگی ہوئی نہ ہو) تیار کرنا
・無印私文書偽造罪	・جعلی نجی دستاویز (جس پر مہر لگی ہوئی نہ ہو) تیار کرنا
・名誉毀損罪	・ازالہ حیثیت عرفی، توہین

【や　行】

・有印公文書偽造罪	・جعلی سرکاری دستاویز (جس پر مہر لگی ہوئی ہو) تیار کرنا
・有印私文書偽造罪	・جعلی نجی دستاویز (جس پر مہر لگی ہوئی ہو) تیار کرنا
・有価証券偽造罪	・جعلی سکیورٹیز تیار کرنا

【わ　行】

・わいせつ物陳列(頒布，有償頒布目的所持）罪	・فحش اشیاء دکھانا (بانٹنا، بیچنے کے مقصد سے اپنے پاس رکھنا)
・わいせつ電磁的記録記録媒体陳列(頒布，有償頒布目的所持）罪	・برقی مقناطیسی فحش اشیاء یا ریکارڈ دکھانا (بانٹنا، بیچنے کے مقصد سے اپنے پاس رکھنا)
・わいせつ電磁的記録等送信頒布罪	・برقی مقناطیسی فحش اشیاء یا ریکارڈ وغیرہ برقی تار کے ذریعے بانٹنا
・わいせつ電磁的記録有償頒布目的保管罪	・برقی مقناطیسی فحش اشیاء یا ریکارڈ وغیرہ بیچنے کے مقصد سے اپنے پاس رکھنا

資料

証拠等関係カードの略語表（19ページ参照）

1，2…	第1回公判，第2回公判……〔「期日」欄のみ〕	捜 押	捜索差押調書
前1，前2…	第1回公判前整理手続，第2回公判前整理手続…	任	任意提出書
間1，間2…	第1回期日間整理手続，第2回期日間整理手続…	領	領置調書
※1，※2…	証拠等関係カード（続）「※」欄の番号1，2……の記載に続く	仮 還	仮還付請書
決 定	証拠調べをする旨の決定	還	還付請書
済	取調べ済み	害	被害届，被害てん末書，被害始末書，被害上申書
裁	裁判官に対する供述調書	追 害	追加被害届，追加被害てん末書，追加被害始末書，追加被害上申書
検	検察官に対する供述調書	答	答申書
検 取	検察官事務取扱検察事務官に対する供述調書	質	質取てん末書，質取始末書，質受始末書，質取上申書，質受上申書
事	検察事務官に対する供述調書	買	買受始末書，買受上申書
員	司法警察員に対する供述調書	始 末	始末書
巡	司法巡査に対する供述調書	害 確	被害品確認書，被害確認書
麻	麻薬取締官に対する供述調書	放 棄	所有権放棄書
大	大蔵事務官に対する質問てん末書	返 還	協議返還書
財	財務事務官に対する質問てん末書	上	上申書
郵	郵政監察官に対する供述調書	報	捜査報告書，捜査状況報告書，捜査復命書
海	海上保安官に対する供述調書	発 見	遺留品発見報告書，置去品発見報告書
弁 録	弁解録取書	現 認	犯罪事実現認報告書
逆 送	家庭裁判所の検察官に対する送致決定書	写 報	写真撮影報告書，現場写真撮影報告書
告 訴	告訴状	交 原	交通事件原票
告 調	告訴調書	交原(報)	交通事件原票中の捜査報告書部分
告 発	告発状，告発書	交原(供)	交通事件原票中の供述書部分
自 首	自首調書	検 調	検証調書
通 逮	通常逮捕手続書	実	実況見分調書
緊 逮	緊急逮捕手続書	捜 照	捜査関係事項照会回答書，捜査関係事項照会書，捜査関係事項回答書
現 逮	現行犯人逮捕手続書	免 照	運転免許等の有無に関する照会結果書，運転免許等の有無に関する照会回答書，運転免許調査結果報告書
捜	捜索調書	速 カ	速度違反認知カード
押	差押調書	選 権	選挙権の有無に関する照会回答書

診	診断書	嘆	嘆願書
治　照	交通事故受傷者の病状照会について，交通事故負傷者の治療状況照会，診療状況照会回答書，治療状況照会回答書	(謄)	謄本
検　視	検視調書	(抄)	抄本
死	死亡診断書，死体検案書	(検)	検察官
酒　カ	酒酔い酒気帯び鑑識カード	(検取)	検察官事務取扱検察事務官
鑑　嘱	鑑定嘱託書	(事)	検察事務官
鑑	鑑定書	(員)	司法警察員
電　話	電話聴取書，電話報告書	(巡)	司法巡査
身	身上照会回答書，身上調査照会回答書，身上調査票，身上調査回答	(大)	大蔵事務官
戸	戸籍謄本，戸籍抄本，戸籍（全部・一部・個人）事項証明書	(財)	財務事務官
戸　附	戸籍の附票の写し	(被)	被告人
登　記	不動産登記簿謄本，不動産登記簿抄本，登記（全部・一部）事項証明書		
商登記	商業登記簿謄本，商業登記簿抄本，登記（全部・一部）事項証明書		
指	指紋照会回答票，指紋照会書回答票，指紋照会書通知書，指紋照会回答，指紋照会書回答，指紋照会回答書		
現　指	現場指紋による被疑者確認回答書，現場指紋等確認報告書		
氏　照	氏名照会回答書，氏名照会票，氏名照会記録書		
前　科	前科調書，前科照会（回答）書，前科照会書回答		
前　歴	前歴照会（回答）書		
犯　歴	犯罪経歴回答書，犯罪経歴電話照会回答書		
外　調	外国人登録（出入国）記録調査書		
判	判決書謄本，判決書抄本，調書判決謄本，調書判決抄本		
決	決定書謄本，決定書抄本		
略	略式命令謄本，略式命令抄本		
示	示談書，和解書		
受	受領書，受領証，領収書，領収証，受取書，受取証		
現　受	現金書留受領証，現金書留引受証		
振　受	振込金兼手数料受領書，振込金受領書		
寄　附	贖罪寄附を受けたことの証明		

第一審手続概要

- 起訴
- 公判準備
  - 起訴状謄本の送達
  - 弁護人選任照会（通訳言語照会）
    ↓ （通訳人予定者への打診）
  - 起訴状概要の翻訳・送付
  - 国選弁護人の選任

> 公判前整理手続（非公開）は，裁判員裁判対象事件では必ず行われるが，それ以外の通常の事件でも行われる場合がある。

- 公判前整理手続
  - 証明予定事実記載書面の提出（検察官）
  - 証拠調べの請求
    ↓
  - 証明予定事実等の明示（弁護人，被告人）
  - 証拠調べの請求に関する意見
  - 証拠調べの請求
    ↓
  - 争点及び証拠の整理（証拠決定等）
  - 審理計画の策定

- 裁判員等選任手続　**裁判員裁判対象事件のみ（非公開）**

- 公判手続
- 冒頭手続
  - （公判前整理手続において通訳人が選任されていない場合）
  - 通訳人の人定尋問と宣誓
    ↓
  - 被告人の人定質問
    ↓
  - 検察官の起訴状朗読
    ↓
  - 被告人に対する黙秘権等の告知
    ↓
  - 被告人及び弁護人による被告事件に対する陳述

証拠調べ

通常の事件の場合

検察官の冒頭陳述
↓
証拠調べの請求（検察官）
↓
証拠調べの請求に対する意見の聴取
↓
証拠決定
↓
証拠調べの実施
（証拠書類，証拠物の取調べ，
証人尋問等）
↓
被告人の供述調書の取調べ
↓
証拠調べの請求（弁護人）
↓
証拠調べの請求に対する意見の聴取
↓
証拠決定
↓
証拠調べの実施
（証拠書類，証拠物の取調べ，
証人尋問等）
↓
被告人質問

公判前整理手続が行われた事件では，次のように進行する。

検察官の冒頭陳述 → 弁護人の冒頭陳述
↓
公判前整理手続の
結果を明らかにする
手続
↓
証拠調べの実施
（証拠書類，
証拠物の取調べ，
証人尋問等）
→ 被告人質問

弁論

検察官の論告・求刑
↓
弁護人の最終弁論
↓
被告人の最終陳述

判決宣告

有罪判決
無罪判決
その他（免訴・公訴棄却・管轄違い）

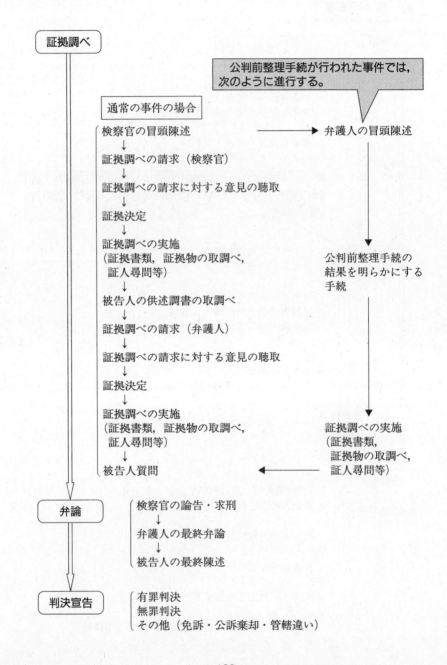

控訴審手続概要

第一審裁判所

- 控訴申立て
  ↓
- 弁護人選任照会（高裁の依頼に基づく。）
  ↓
- 記録・証拠物の送付

控訴審裁判所

公判準備

- 控訴趣意書差出最終日の指定・通知
  ↓
- 国選弁護人の選任（高裁によっては，上記指定より先に行っている。）
  ↓
- 控訴趣意書の提出及び相手方への謄本の送達
  ↓
- （答弁書の提出）
  ↓
- 第１回公判期日の指定及び被告人の召喚
  （高裁によっては，上記指定を控訴趣意書差出最終日の通知と同時に行っている。）

公判手続

- 通訳人の人定尋問と宣誓
  ↓
- 被告人の人定質問
  ↓
- （黙秘権の告知）
  ↓
- 控訴趣意書に基づく弁論
  ↓
- 控訴趣意書に対する相手方の意見
  ↓
- （事実の取調べ）
  ↓
- （事実の取調べの結果に基づく弁論）

判決宣告

- 控訴棄却
- 原判決破棄（差戻し・移送・自判）

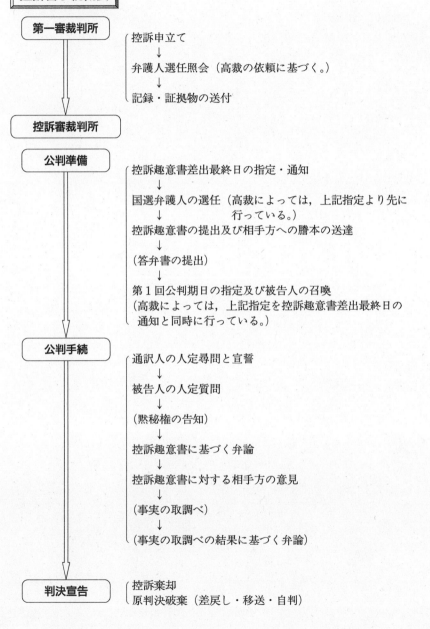

法廷通訳ハンドブック　実践編
【ウルドゥー語】（改訂版）　　書籍番号　30-21

平成12年５月10日　第１版第１刷発行
平成30年８月10日　改訂版第１刷発行

監　修　最高裁判所事務総局刑事局
発行人　平　田　豊
発行所　一般財団法人　法　曹　会

〒100−0013　東京都千代田区霞が関1-1-1
振替口座　00120−0−15670
電　話　03−3581−2146
http://www.hosokai.or.jp/

落丁・乱丁はお取替えいたします。　印刷製本／㈱プライムステーション

ISBN 978-4-86684-007-9

本誌は再生紙を使用しています。